新師説

温|故|而|知|新

庄子的生命哲学

叶海烟 著

广西人民出版社

图书在版编目（CIP）数据

庄子的生命哲学 / 叶海烟著 . -- 南宁：广西人民出版社，2025. 7. --（新师说）. -- ISBN 978-7-219-11815-3

Ⅰ. B223.55

中国国家版本馆 CIP 数据核字第 20244NG224 号

桂图登字：20-2023-160

庄子的生命哲学
ZHUANGZI DE SHENGMING ZHEXUE
叶海烟 / 著

出 版 人　唐　勇
策　　划　吴小龙
执行策划　许晓琰
责任编辑　李雨阳
责任校对　黄　熠
封面设计　刘瑞锋（广大迅风艺术）

出版发行　广西人民出版社
社　　址　广西南宁市桂春路 6 号
邮　　编　530021
印　　刷　广西民族印刷包装集团有限公司
开　　本　880mm × 1240mm　1 / 32
印　　张　9
字　　数　187 千字
版　　次　2025 年 7 月　第 1 版
印　　次　2025 年 7 月　第 1 次印刷
书　　号　ISBN 978-7-219-11815-3
定　　价　58. 80 元

出版说明

每个时代的优秀教师，都以他们独特的言说影响着时代的精神状况乃至历史走向。今天仍然如此。因是，以出版的形式保存并共享这些珍贵的声音，以加深这种影响的广度和深度，是我们尝试“新师说”丛书的初衷。

早在人类轴心时代，柏拉图学园的门扉上就镌刻着“不懂几何学者不得入内”，学园里的教师们极深研几，试图以像数学一样精确的方式，对复杂而微妙的世界进行解释和分析，并赋予它们以秩序。孔子杏坛讲学，目的也是传授一种贯通天道与人伦的法则，这种法则既是宇宙的动力，也是我们日常生活与内心秩序的基础。此外，他们还试图唤醒一种行动的力量，一种合理塑造这个世界的简便方法。这些，对后世影响至深。

在今天，即使那些最好的教师或许都不再具有以上雄心。但哪怕是出于功利化的考量，他们的工作也并非可有可无。一旦跳出宏大的历史之流，把他们放到具体而微的时代横剖面，我们就能意识到这一点。他们对经典的熟稔以及对时代的感知，使得传统呈现出历久弥新的光亮，也使得时代的问题在一个不一样的视野中被照察。这些，对于我们处理今天的问题，无疑是富于启示性和建设性的。

除此之外，我们也有着其他方面的兴趣，我们希望保持足够的开放性，以面向世界与人本身的丰富性，以及思想的诸多可能。课堂蕴含着无限宝藏，积历史之厚，展未来之阔，愿“新师说”延续古老的“师说”传统，一如我们先人以及很多文明在传承中所做的那样。

叶海烟，1951年生，台湾嘉义人，哲学博士，美国哈佛大学博士后，师从方东美、罗光等。出版《庄子的生命哲学》《中国哲学概论》《人文与哲学的对话》《道德、理性与人文的向度》等专著，译有《理想国》，是中国哲学领域，尤其是庄子哲学领域最具代表性的学者之一，有广泛的学术声誉与卓著的文化影响力。

新版序

叶海烟

《庄子的生命哲学》一九九〇年出版迄今，整整三十年来[1]，有关庄子其人其书的相关著述，以及其所延展开来的学术性与哲学性的研究成果，不断地推陈出新，也同时不间断地有了新的思维、新的观念、新的问题，以及应对问题、解决问题的新策略与新方式；而这本已然是“旧书”的论著，竟然还有机会以新的面貌，又一次出现在所有喜爱庄子的读者面前，应该可以说是这一本书的福分，也自是作者的幸运了。

三十年前，作者运用“生命哲学”作为基本之论域与论题，由此拓开全向度的意义脉络，进而探入《庄子》原初之文本，以多方验证所谓的“生命哲学”并非只是一个哲学观念，更非一徒具理论形式的逻辑思考，而是有血又有肉、有骨又有髓，有深厚之基底又有高大之架构的哲学范畴，恰恰可以用来匹配两千多年以前的伟大哲人所经营出来的智性宝典。如今看

① 本序作于2021年1月。——编者

来，此一学术性的尝试，还不至于徒劳无功，而究竟有了一些正向的影响。

这本不算太厚太重，读来也不至于让人觉得枯涩无味的学术著作，原本是作者的博士学位论文；而既是论文，便须有论文的基本规格以及必要的章节排序。因此，本书共十一章的安排，也就有不得不然的理由。一方面，论文的先后条理，必须按照“生命哲学”内在的理路前行；另一方面，则必须依循经典诠释的模式与进路，并尊重庄子篇幅原本组构的实质内容，而以“内七篇”为核心，展开足以与“生命哲学”相关议题相互接应的探讨工作。

展望未来，私心盼望后继者持续阐扬“庄子其人”的人格特质与精神风貌，使原始道家思想底蕴里的“人”能够现出真身来；同时，也能大肆搜索“庄子其书”的观念珍藏，进而追究出《庄子》的字里行间，到底还有什么会发光发亮的稀世珍宝，可以和当代思潮相互激荡。如此两路并进，或许才能兼顾“人有哲学”和“哲学有人”的人文学的意义双轴。

当然，一本书要长长久久，便必须有一些让人可以一再品味的内涵。因此，既然庄子其人其书（应可以说是“奇人奇书”）已然经久不衰，那么，所有涉及庄子与《庄子》的论述与著作，便不能不尽量保存庄子与《庄子》所孕育的历久不竭的意义与理念，否则，问津者恐怕会寥寥无几。而就严谨的学术判准与宽阔的研究视域看来，“庄子哲学”当然不是所谓的“生命哲学”所能全然概括；众所皆知，《庄子》一书确实可以让我们从历史、神话、语言、文学、宗教、艺术与哲学等人文学的视角切入，而最终可以有所斩获。

说来惭愧，个人也未能免俗，甚至还有些许敝帚自珍。因此，也想趁拙作改版之际，透露一点小小的心愿：庄子“生命哲学”的疆土还有待多方多面多向度地开拓与垦殖。而在拙作第一章“导论”里，个人所提出的庄子生命哲学的十二个方向（十二个问题），显然还值得后续的探究，特别是最后两个问题：“庄子如何提升生命的境界?”与“庄子如何面对生命的终极?”。个人深信“后来者居上”不会是一句空话，而我们的生命理念与生命关怀也仿佛甘泉涌穴，自然而然——庄子如是言，如是行，如是现其身，撰其文，著其书。

在拙作改版前夕，个人衷心感谢恩庭协助完成校改的工作，更感谢台湾三民书局编辑部为改版多所费心，让拙作终于能够以更完好的面貌又一次现身。

罗 序

罗 光

叶海烟教授的博士论文，研究庄子的生命哲学，从庄子的心态，深入探索庄子对生命的目标和生命目标的追求，尤其深切地体验庄子发展生命的经历。在这些方面，都能有适当的叙述和说明。论文的文字流畅活动，也能引人入胜。

庄子的心态是一种浩然无垠而又逍遥自然的心态，他对生命的目标，在于追求永恒；他的养生方法，在于无欲无为，保养元气，和天地以长终。

庄子生命哲学的根基则在于气，他是中国哲学史上第一位讲气的哲学家。他主张由道而有气，气为一，为有，宇宙同一气，气成万物，宇宙之气在人心中，人以此心之气与宇宙万物相通，乃有气知、气化，保养心灵元气，心成心斋，心斋堕弃形骸，忘怀人世，达到真人的境界，有如后世道教所说“羽化而登仙”。

叶博士的论文将由东大图书公司印成专书，来函索一序文，我将庄子的人生哲学略加说明，作为短序。

自　序

叶海烟

庄子哲学是生命自我超越的具体成果。庄子逍遥物外的生命态度几乎彻底具现了老子的道，而成就了中国文化系统中至高的生命典范；庄子物物大齐、论论平等的思维方向则为人类知识之发展预设了解决困境与危机的基石。

在今日高谈意义的年代，我们一方面须还庄子真面目，全力整合其思想脉络；另一方面则须对庄子哲学作创造性的诠释，以抉发其深邃的哲学义理。我们大可从各种角度来探索庄子哲学，而在对比的情境中将庄子心灵的成素予以解析，并经由统合的原则，重建庄子高标的生命风格。当然，我们不可把七宝楼台击碎，也不可在楼台下妄发议论。我们是该走入其中，并慢步登上最高层，而在仔细琢磨之余，再放眼四顾，如此我们与庄子便可在“无何有之乡”相看不厌了。

本书以庄子的生命哲学为研究范畴，并认定生命意义的探讨与生命问题的解决为庄子哲学的中心论题。本书撰作之目的在于以现代哲学的眼光透视庄子生命哲学的概念内涵，并试图接合庄子哲学的三大部门：生命的形上学、生命的宇宙论及生命的伦理学，以展示庄子哲学的全貌。

本书的研究方法，并用诠释法与对比法、融贯法与旁通法，并配合庄子哲学本具的脉络，将其开展为问题系统与概念系统，进而作全面性的解说，以避免局部之分析与重点之强调所可能产生的流弊。于行文说理之际，除了尽量再现庄子原始语言的真实意义之外，并以西方生命哲学之概念抉取庄子涵泳生命精神所得的玄深义趣，俾增加诠释的开放性与创造性。

至于本书之内容，共分十一章。首先论述庄子生命哲学的主要特色、基本型态及其形上进路、形上课题，并分别从十个角度透显庄子生命之特质，以建立庄子生命哲学的形上意义。接着从生命的道论与宇宙论，解析庄子生命哲学的形上基础，然后再就庄子自身之思想架构，分别将《齐物论》与《逍遥游》两篇之内在理路，展为生命之认知论与生命之境界论，而将两论贯通为一大哲学系统，此一贯通之道在生命的实践之中，即可铺陈为生命伦理，而在生命伦理的实存价值之上，庄子标立了人格崇高之理想。最后在结论里，于疏理庄子思想的基本模式之余，笔者试作适度的批判，以斟定庄子哲学的真正价值。

在庄子的前导下，我们或可逐步建立起系统哲学的雄大规模，以实现人类理性从事哲学思考及以哲学思考自我生命的深宏大愿。今日看来，庄子哲学的时代意义弥足珍贵。庄子在对应其时代环境之后立即超越自我及其周遭之一切，他或明或暗地表示：唯有超越自我，才能造就自我进而自我成全；也唯有超越时代环境，才能把时代环境推向更高更远更好的境界。

庄子留给我们的不仅是一堆待解的符号及只供想象力驰骋的寓言故事，我们应在庄子赋予生命的大爱中冷静思索生命的向度，并应在庄子用以批判世俗的智慧里勇敢地面对可能一再发生灾难的世界。在人声鼎沸之中，我们若能对庄子哲学作深层的省思，或可发现许多问题的症结，就以政治事务为例，若我们能谨守生命的范畴，坚持生命的立场，则权力所能制造的祸患就将大为减少，正如笔者在本书第二章所说："庄子之面对当时之政治，则以超政治的作风，试图消解政治在人心中所引起的'意念的灾害'，使政治不害吾人之生命，使政治伦理得以在大道之行中逐步转为生命之伦理。"这对一切政治之现实应多少有照明的作用。

此外，庄子哲学所含藏的自由民主精神，更值得我们努力挖掘、全力体现。笔者从庄子齐物哲学所获致的一点启示："真实的自由来自思想的自由，而思想的自由植根于生命的超脱与心灵的解放。""理想意义的民主须以个体之独立性为础石，人人当体自足，进而在才性与德性两方面不断地自我超越。""真民主是价值的真体现，真自由是心灵的真解脱。无道德即无真民主，丧失价值的内涵，生命即无真实之意义；无平等即无真自由，离开生命共同的立足点，自由将成浪漫的幻想。"这是为自由民主立定根本，虽和社会问题无直接之交涉，但大可鼓舞吾人之生命，激励吾人之生活，从而培成刚健活泼的新生命，更由此丰沛淋漓的生命内涵发出崇高的抗议精神，至于养成倜傥不群潇洒不拘的性格，如此因抗议而批判，因批判而超越，因超越而包容，因包容而发展，我们这个社会当可获致动态的平衡及生生不息的安定。由此看来，我们仍需要哲学，我们更需要庄子。

谢谢焯炤师慷慨赐序，由于焯炤师多方指导，本书才得以顺利写就；然因笔者才力受限，哲学思维仍不够谨密，故书中尚有许多论点亟待斟定，距离焯炤师的学术要求甚远，今后唯不断自我鞭策，自我修正，以使此小小一步不至于为时间所湮没。

淑均长时间的支持与协助，使笔者能在不惑之年之前拥有这么一点学术成品，笔者愿意和她共享这么一点心灵的喜悦。台湾文藻外语专校大方地给笔者一段不算短的假日，加快了拙著的出炉；台湾东大图书公司愿意第三度接纳笔者的心血结晶，实在令人振奋。在此，谨一并致谢。

目录

第一章

导　论

本文以庄子的生命哲学为研究范畴。就庄子哲学主要的课题而言，我们可以大概言之：庄子的哲学是一种独特的生命哲学，对生命本体的诠定、对生命真实的认识及对生命问题的解决，乃庄子哲学的主要意义。

西方哲学如此界定"生命哲学"（Life Philosophy）："日常用语中，生命哲学往往指对实际生活有用的智慧和看法。讨论道德生活的目标和标准的伦理学也有人称之为生命哲学或人生哲学。因此，以伦理规律和对生命的见地为主的哲学系统，往往称为生命哲学。"①

借此一定义，我们可以先简单分析庄子生命哲学的特点：

一、庄子以融贯的方法处理生命哲学的各种课题，其手法高妙，思想语言颇富象征意义。庄子认为生命有无穷的阶层，并在生命无穷的阶层中有着由有限向无限，由相对向绝对的超越，他的超越路径十分值得注意。

二、庄子有其对现象世界的系统见解，也有其对精神生命的形上智慧。在两者之间，庄子不多作理论的分析，也不以逻辑为思维之中介，而致力于生命内涵的开发、生命精神的阐扬，以及生命境界的提升，以转现实生活为充满生命情趣的生活，并使高超的形上智慧流注于生命的现实之中，以使吾人之

① 布鲁格编著《西洋哲学辞典》，项退结编译，台湾先知出版社，1976年台初版，第238页。

生命体现生命本具之真实之形上意义。庄子对事实、现实与真实的一贯性，确有十分深入的了解。

三、道是庄子伦理生活的原则和目标。庄子的伦理学是道的伦理学，他以道缩结伦理的网络，解决所有伦理的问题。不断趋向道、回归道，各种人伦规范便不至于成为吾人自我觉醒与超升的阻碍。

四、庄子对生命的见解不仅为其思想之中心，亦是他开展无穷的生命行动的指导原则。

所以从“生命哲学”的角度来研究庄子哲学，有三点理由：

一、为了突显庄子独立、高超的生命精神。我们可以如此假定：没有庄子的生命，便不可能出现庄子的哲学，而庄子深刻的生命体验，使其生命与其哲学之关系难以离析。《庄子》一书中，处处可见庄子其人的身影，处处可见庄子其人的思想结晶。

二、庄子以道结合生与命，生命是一切理论与实践的主体。庄子以气的聚散解释生死现象，消除生死的现象意义，乃庄子的主要工作，由道与气所开展出来的存在范畴与心性范畴，乃庄子哲学义理的所在。

三、庄子不强调生命个体与天地（世界）之间的对立性，而注重生命体与天地的一体性。由此一体性，庄子设法成就其理想的人生，而体现此一体性的人，乃理想之人，即所谓“至人”“神人”“真人”。

若以问题为研究取向，至少有十二个有关生命的连锁问题是庄子所关切的，它们提供我们研究庄子生命哲学的确实方向：

一、庄子如何追溯生命的源头？

二、庄子如何肯定生命的存在？

三、庄子如何确认生命的价值？

四、庄子如何条理生命的脉络？

五、庄子如何突破生命的障碍？

六、庄子如何回应生命的挑战？

七、庄子如何消解生命的假象？

八、庄子如何建立生命的基构？

九、庄子如何展现生命的气象？

十、庄子如何完成生命的潜能？

十一、庄子如何提升生命的境界？

十二、庄子如何面对生命的终极？

这十二个问题其实是一个问题，它们本是不能横列开来的。生命的问题多端，而庄子以“道”为解决之道。可以说，这十二个问题的答案只有一个：庄子的道。知“道”体“道”行“道”，十二个问题将全部获得解决。道是生命的源头，道是生命存在的基础，生命的价值与生命的脉络由道展开。实践道，使吾人得以突破生命的障碍，回应生命的种种挑战，如此生命的假象得以消解，生命的真相便可大白。道是生命基构所在，生命气象所以无比盛大，乃是道的大用所致。道赋予生命无限的潜能，因道是无限的。又因道无比崇高，所以吾人的生命境界重重无尽，欲提升吾人生命至于“玄冥大道”，唯发挥道在吾人生命中所有的造化蕴涵。生命的终极是道，因此生命的终极乃是无终极的终极，不主宰的主宰，因道周流太虚，生命的系统无穷无尽。

庄子虽未有明确的“问题取向”，但对攸关生命根本之问题却有其十分强烈的意识。《庄子》一书中，有各种之设问，庄子借此获致其思想之重要理念。庄子面对生命，所引发的问题是无穷无尽的。无穷无尽的问题指向无穷无尽的意义的世界，其中，有些问题是具有穷极性的，是没有定义性的答案的，例如：

> 百骸、九窍、六藏，赅而存焉，吾谁与为亲？汝皆说之乎？其有私焉？如是皆有为臣妾乎？其臣妾不足以相治乎？其递相为君臣乎？其有真君存焉？（《齐物论》）
>
> 不知周之梦为胡蝶与，胡蝶之梦为周与？（《齐物论》）
>
> 庸讵知吾所谓知之非不知邪？庸讵知吾所谓不知之非知邪？（《齐物论》）
>
> 庸讵知吾所谓天之非人乎？所谓人之非天乎？（《大宗师》）

庄子对这些问题不多作论辩，而让它们引领思想辩证的方向，以超越感觉、印象，以作主动的理性的综合，以达到知识的最高的层次。庄子善用语言之功能由此可见，而这些问题也显示了庄子哲学的特色。庄子不轻易设定真理之固定准则，不任意为生命下任何之价值判断，而一心关注生命最根本的课题，故其问题大多是具有根本性的。可以说，庄子是以生命为一大问题，同时也以生命存在之世界为一大问题，所有的问题皆由生命及其存在之实况所引发，其中，最严重的是自然与人文的交互关系所衍生的各种问题，许多和道德修养有关的问题都涵于其内。故前述十二个问题，虽非庄子所明言，但其实蕴藏在庄子的思想系统中，解决这些问题的方式及策略即构成庄子生命哲学的主要内涵，庄子由此显现道的多向且多层的意义，并教吾人诠读生命本体为最深刻的体验，诠读生命现象为最丰富的经验，而将真实生命展现于吾人面前。

若以生命为认识的对象，以有生命之物为研究生命的起点，则庄子对有生命之物的看法确有其不同于西方哲学的特点：

一、庄子是以大生命涵摄小生命，故其着意于有生命之物者，不是有生命之物的分歧差异之相，而是有生命之物的共同存活之道，而此共同存活之道就是庄子的道。道之作为存在物之实现原理与道之作为生命体之存活原理，两者之间，有其一贯之道。

二、道是生命的形上本体，有生命之物是道的具体呈显。道是通过“气”而具体呈显各种生命和生命的各种型态。气不仅是生命的质料因，它与道的关系，使生命能不断超越形式与质料的组合，而进入一体不分的境界。

三、庄子平等对待一切有生命之物，并将有生命之物的个体性，统合于道的一体性中。

四、庄子注重生命的发展，并以生命的发展为有生命之物提供一种庄子式的不死的可能性。

五、庄子对有生命之物的分析并不复杂，他有简化生命原理的意向，因他以“道”观一切有生命之物。

六、庄子看重精神之生命及生命之精神，对于助成有生之物的形下因素，他并未多作分析。

七、庄子企图将生命的自然有机性及无穷变化性同时贯注于有生命之物中，以使它们解脱顽冥的机械的因果律。[①]

存有是西方形上学的首要范畴，庄子则以生命代替存有，以生命作为形上学诸多意义的根源。当然，庄子的生命是以人的生命为中枢，由此一中枢，庄子辐射生命的力量，欲将整个存在界转化成生机盎然的领域。他反对一切与真实生命为敌的事物，他所以运用高超的理性及想象，点化吾人之生存环境成一生命活动通达流畅的世界，进而使生命得以净化、纯化、美化，原是为了使人的生命能不断超升飞腾。

---

① 项退结在《从中国传统哲学的生命观走向比较完整的生命概念》一文中对“有生命之物”作下列定义：“与其他个体密切联系而具生发其他个体及向更高更复杂统一性发展的倾向之个体。”又云：“这一定义包括下列三个主要因素：一、有生命之物始终是个体，二、有生命之物具生发其他个体及向更高层发展的倾向，三、有生命之物与其他个体彼此密切联系。”见《哲学与文化》月刊第七卷第五期，1980年5月，第28页。

方东美先生认为庄子如同其他中国哲学家，肯定“人源于神性”“性具有无限的潜能”[①]，庄子的“神人”便是人发挥神性的具体成就。人性中有神性，这是庄子修养论的基本命题。人性所具的无限潜能使人能在存在的阶层中往上超升，步步逼进具绝对存有之内涵的道，这是庄子大举结合本体论、宇宙论与人生论的一贯进路。方东美先生说庄子主张：“生命的崇高在于经验范围的拓宽，使我们的精神升华，和道体合一，使我们把人世的快乐和天道的至乐打成一片。”[②]所谓“至乐无乐”（《至乐》）便是人与道体合一所自然涌现的幸福，此乃人生之真福。因道以无为本，故此至乐已无乐可求，不求而乐，无入而不自得，如此心境不仅为至人神人真人圣人所共有，也是人人可共同企求的。如何使吾人之精神升华，以臻于天人合一之境，确是庄子哲学不断致力于生命经验之开拓的一贯历程。

文化哲学家卡西勒（Ernst Cassirer）曾如此倡言：哲学的人学最大的关切是整个人类的命运。[③]庄子哲学最大的关切即

① 方东美：《生生之德》，台湾黎明文化事业公司，1982年四版，第271页。

② 方东美：《生生之德》，台湾黎明文化事业公司，1982年四版，第273页。

③ 参见卡西勒《论人》(*An Essay on Man*) 一书。在这本书中，卡西勒强调生命自身迁变不定，但生命的真价值则不变，它来自一永恒的秩序，人乃因此可以是自由、自主、自足的。卡西勒又以为哲学之综合乃一“创造历程”(Creative Process)，它使人性指向一共同之目标，终统合了殊异与对立。卡氏并主张人类文化有一种动态的均衡，其中相反之势力隐藏着调和的倾向。以上另请参见杜若洲译《人的哲学》，台湾审美出版社，1976年初版，第12、14、113、353等页。笔者认为庄子思想有其哲学之综合，他关怀人性及文化，旨在指向一源自永恒价值的终极目的，而他注重动态、均衡、调和等观点，和卡西勒的看法有不谋而合之处。

是人自身的命运，而改变命运的关键在于人心人性根本的变革。所谓“归根复命”乃生命自我之变革，目的在于完成自觉的理想的生命。他似乎已超乎历史背景及文化传统，在广大的天地中及无限深广的人性基础上，创造人类共享理性光明及人性滋养的前景。面对整体的人文业绩，庄子已具备“哲学的人学”（Philosophical Anthropology）的远大视野。在《天下》中，我们还可看见一种对比哲学的手法，展现了先秦哲学的全貌，并作了持平的批判，因而开拓了庄子哲学的广大视野。庄子似乎是对比哲学的实践者，他依存有之韵律（道的韵律），全面展开多向的对比及所有差异的大包容。①

至于《庄子》一书的主要内涵几乎是以寓言出之，所谓“寓言十九”（《寓言》）。由于寓言的大量使用，难免造成文字意义的混淆及思维理路的分歧。②不过，这似乎是庄子着意如此，且有其不得不然的苦衷，因生命现象是流变不定的，生命意义是错杂综贯的，而面对生命进而表诠生命的语言又有其自身之限制。吴光明先生对此有十分贴切的析论：“我们需要无拘束地出入诸多比喻，尝试用新比喻，以新观点使用旧比喻，在某一情况下活在某一比喻中，在另一情况下又活在另一

① 关于“对比哲学”，参见沈清松《现代哲学论衡》第一章《导论：方法，历史与存有——对比哲学概观》，台湾黎明文化事业公司，1985年版，第1—28页。

② 罗光认为庄子思想的缺点在于寓言为幻想，而幻想和客观的哲理距离很远，且常迷离不清楚，不能令人确实看到哲学思想的观念和观念的确实意义。参见罗光《中国哲学思想史·先秦篇》，台湾学生书局，1982年增订重版，第494页。

比喻中。为要如此自由出入于很多比喻，我们要有新的比喻把我们唤起、惹激而由旧比喻徙移出来。庄书就是这种比喻的比喻。”[①]庄子将比喻交织成天罗地网，从《逍遥游》鲲鹏之喻开始，比喻如鲲鹏般不断变现。比喻的变现自在是庄子心灵自由最具体的明证，比喻的象征意义使庄子的哲学理念由抽象而具象，以至于充满生命意味，而各种比喻彼此相连、相互对待，则展现了庄子哲学的平等精神。

大体而言，庄子秉承中国哲学重生命的传统，而以生命为哲学思索的全般领域，一方面发挥《易·系辞传》“天地之大德曰生”的真纯之生命力，一方面发扬《易·复卦》“复，其见天地之心乎”的生命精神及其出入往返之道。循此脉络，庄子转自然天地为吾人精神解放之无穷领域。他发现吾人生命之主宰，以使生命之流变成为自觉自主的活动。他注意情感意识的感通、消解与超化，他融洽了宇宙人生各种层次，并在此无穷的生命系统中，确立了人性的尊严与崇高。

因此，本文将以生命概念贯穿全篇，并用分析法与贯通法，诠释法与对比法，同时兼顾问题取向与概念取向，以揭开庄子生命哲学的形上进路、形上课题、形上意义。就《庄子》一书的内容看来，《逍遥游》与《齐物论》为庄子生命哲学的重心所在，由生命之认知以迄生命之境界，其间有生命之修养论及人格之超越论。为了避免“境界型态”一说可能之流弊，

① 吴光明：《庄子》，台湾东大图书公司，1988年初版，第169页。

本文将强调生命之创进、超升及生命之基础存有——道与宇宙的合一，这是庄子生命哲学最高的整合及最后的终结。庄子的思想一体多向，提供历代注疏家广阔的诠释领域。在本文中，不斤斤于考证，而以精神的融通及概念的厘清为主道，以涵盖《庄子》全书，以见庄子如何运用其“谬悠之说，荒唐之言，无端崖之辞”（《天下》）传达出庄重严肃的生命意义，并建立起浩大丰富的生命系统。

第二章

庄子生命哲学的奠基与型塑

道家哲学之理解生命，除了和儒家同以“生”为“天地之大德”之外，对生命之存在于天地中的存在意义，则有其有别于儒家的独特体认，老子发现“身”的具体存在及“身”之攸关吾人生命存在之意义，便是一明显的例证。庄子则以极广大的天地作为生命孕育之所，其天地之意义比乾象父、坤象母的象征意义，具有更丰富的存在的意义。可以说，庄子是在天地之中，发现生命的存在，进而以生命无穷之义涵，推扩天地之境界为道之境界。他发现生命不仅有其形下之分殊之内涵，更有其形上之统合之根据；他一方面以道为绝对之基设，一方面赋予道真实之意义，而道之真实性来自道之为吾人生命之本源。庄子认定道为形上实体，但又不执此实体义妨害道为万物之创始之原理及生成之历程。阴阳相生，说明了道在宇宙的真相；有无相生，则揭显了道为形上之终极。由本一而返一，由本无而无其所无，回归与超越同时进行，庄子以此透露生命之实存内涵，而以绝对之大有为生命存在之基础。在此，吾人不能不先了解庄子与老子一脉相承之关系。

庄子大体继承老子“道”的概念，关于道的无限性、自本自根的独立性及作为宇宙创生本源的本体意义，老庄并无出入。老子的道：“玄之又玄，众妙之门。”（《老子》第一章）“有物混成，先天地生，寂兮寥兮，独立不改，周行而不殆，可以为天下母。”（《老子》第二十五章）庄子论道体：“夫道，有情有信，无为无形；可传而不可受，可得而不可见，自本自根，未有天地，自古以固存；神鬼神帝，生天生地，在太极之先而不为高，在六极之下而不为深；先天地生而不为久，长于上古而不为老。”（《大宗师》）由此可见，两人同体道体，同样肯定道的无限性及超越的独立性，也同样肯定道为万有之本源。

庄子即以老子的道为万有与生命的形上基础，并运用道来开发万有与生命的内涵。至于天道的自然无为之意义，庄子也完全受老子的启发。“人法地，地法天，天法道，道法自然”（《老子》第二十五章），“道常无为而无不为”（《老子》第三十七章），“无为为之之谓天”（《庄子·天地》），“无为而尊者，天道也”（《庄子·在宥》），天道为老庄共同的形上目标，其自然无为之精神从天道转注于各种存在物及有生之物，各种存在物及有生之物所以能各保其存在之理与性命之理，而与恒常之天道同在并存，全因物物能体现自然，而在无为的道的状态中，进行其各种生命活动。

有多位论者认为庄子已然超越老子。[①]就道论道，庄子并

---

① 王煜说：“庄子在深度与广度两方面均超逾老子。”见王煜《老庄思想论集》，台湾联经出版事业公司，1979年初版，第17页。陈荣捷云：“虽然我们习惯把老子与庄子合称‘老庄’（这个称呼习惯从五世纪才开始），然而，很明显地，如同孟子与孔子，孟子不仅详述孔子的教义，而且也展示一些新的思想，正如庄子超越了老子。”接着陈氏列举庄子超越老子的重大发现：庄子验实老子“柔”的价值，庄子较喜欢世俗的世界，较强调个体。庄子阐述自然，比老子更为清晰。老子注重本性，庄子则注重自我的变化及生活的真理。以上参见陈荣捷《中国哲学资料书》（*A Source Book in Chinese Philosophy*），普林斯顿大学出版社，1973年四版，第177—178页。

无超越老子之处。然而，对于道的无限存有之内涵及无限存有在有限之存在中全然而有次第的开展，庄子所经营出来的成绩，确实十分可观。除了依然以道的绝对的设定为基本前提外，如何以吾人理性面对道，如何以吾人之生活经验体证道，如何在道的存有之价值层级中往上超升，对这种种课题，庄子已作了相当卓越的努力。如同海德格尔所谓“真理是存有的开显”①，庄子开显了老子“道”的真理，并运用生命精神来处理存有之有限与无限、相对与绝对等辩证性问题，而在真理与真人之间，庄子发现了足以建立其生命形上学的笃实而紧密的关系。

多位论者断言庄子之异于老子，主要在于庄子将老子的客观的道转为主观而内在的心灵境界。②如此断言不抵触庄子哲学的基本原则，确实点明了庄子从老子的起点往前所跨出的步向，但顺此步向一任而前，由客而主，由外而内，终于落入纯

① 参见沈清松《现代哲学论衡》第九章《海德格的存有哲学》，台湾黎明文化事业公司，1985年版，第231—256页。（本书外国人名，除台版图书书名外，其余处统一用中国大陆通行译法。——编者）

② 陈鼓应：“老子的道，本体论与宇宙论的意味较重，而庄子则将它转化而为心灵的境界。”见陈鼓应《庄子哲学探究》，作者自印，1975年初版，第33页。王煜：“庄子是境界型态的极端彻底之自然主义——‘自己如此主义’。”见王煜《老庄思想论集》，台湾联经出版事业公司，1979年初版，第117页。徐复观：“庄子主要的思想，将老子的客观的道，内在化而为人生之境界，于是把客观的精神，也内在化而为心灵活动的性格。”见徐复观《中国人性论史·先秦篇》，台湾商务印书馆，1982年第6版，第387页。牟宗三：“老子之道有客观性、实体性及实现性，至少有此姿态。而庄子则对此三性一起消化而泯之，纯成为主观之境界。”见牟宗三《才性与玄理》，台湾学生书局，1974年三版，第177页。

然的虚灵状态，如《天下》对庄子所作的批判：“芒乎昧乎，未之尽者。”由道的客观的无限性——“未之尽”的实存状态，转为心灵主观的无限性——“未之尽”的虚灵心态，而以虚灵包纳实存，化众有为一体之大有，虽然显示了庄子超本体论的意向，然“超本体论”之“超”乃是有无双运、主客互融的生命超升，绝非一味向“主观”“内在”逼进，以至于丧失道的客观性，以及吾人实现道的客观性所应作必作的精密思维。庄子之所以“芒乎昧乎”“芒乎何之，忽乎何适”（《天下》），乃因道“芴漠无形，变化无常”（《天下》），且人与道之间有永不可解的关系，导致吾人“不知‘道’”的情境，然庄子对于知与不知，有其调和之道，知与不知之间，吾人其实仍可作各种具客观意义的论理辩说，只是论而不论，辩而无辩，其中须有后设语言的省思与批判。此外，由于庄子极力避免语言的分析功能所可能带来的不良后果，乃将道寓于奇诡之言，并以卮言曼衍道的无穷性。此种因思想语言所引起的艰难处境本与吾人现实生命的有限性息息相关，庄子明乎此，且于此从事种种足以发生实质效果的努力，其真挚恳切的心意不难明白。因此，在一味强调主观境界之际，吾人不可不随时回顾那自本自根的道及其横绝三界、贯通里外的绝对实存性。

或许，当我们了解了庄子在批判儒家之际依然保守儒家的生命精神，就不会执着于由外向内及由下往上的单一路径了。庄子对儒家持选择性的批判态度，他所以请出孔门最精于道德修养的颜回来进行坐忘的功夫，便是对儒家的一种大肯定。至于《外篇》《杂篇》诸多攻击儒家的过激论调，应是庄学后期变本加厉的现象，并不足以抹煞庄子援儒入道的辉煌业绩。在《人间世》，庄子请仲尼直言："天下有大戒二：其一，命也；其一，义也。子之爱亲，命也，不可解于心；臣之事君，义也，无适而非君也，无所逃于天地之间；是之谓大戒。"如此正视人间世的伦理亲情及政治体制，根本上和庄子的出世精神并不相违背。憨山大师注《人间世》，很明白地说："独《人间世》一篇，则极尽其忠孝之实，一字不可易者，谁言其人不达世故而恣肆其志耶？且借重孔子之言者，曷尝侮圣人哉？"又说："此所谓世出世间之道，无不包罗，无不尽理。"[①]憨山大师以大乘佛理解庄，颇能发明庄子兼容儒、道的生命精神。庄子的道确是世出世间之道，出入无碍，因道遍在，因道已然涵盖生命的各种向度，故当生命的各种向度一一展开之时，生命精神实已浃化于天地之间，而人间世即在此天地中。

庄子站在其生命哲学的基本立场，反对儒家反生命之真实性之作法，这是很可以理解的。庄子的生命是"与造物者为人，而游乎天地之一气"（《大宗师》）的生命，他肯定的人不是"愦愦然为世俗之礼，以观众人之耳目"（《大宗师》）的世俗中人，而是"畸于人而侔于天"（《大宗师》）的"畸人"。庄子衡量人生的价值意义，一以天道为准。因此他借仲尼之口道出："天之小人，人之君子；人之君子，天之小人

① 憨山大师：《庄子内篇憨山注》，台湾琉璃经房，1972年再版，第25—26页。

也。”（《大宗师》）儒家之君子以其生命的最高标准——天道——衡之，不过是尚未成就生命之德的小人而已。庄子意图把孔子改造成道家体天行道的代表人物，亦可见其融合儒、道的心意甚殷切。

在《大宗师》，庄子借子桑户之死、孟孙才善处丧及意而子和许由的对话，对儒家繁琐化形式化外在化的礼进行批判，进而肯定吾人生命的大宗师不是不通生命造化的礼，乃是大通的道，道大通一切之生命，故成为生命最高之规范，而以是非仁义为内容的道德形式则渐远离生命，甚至有害生命。庄子特别以生死问题的解决来质疑儒家形式化的道德，他认为：唯了解生命的真谛，才能坦然面对死亡，唯了解生死之间的实然关系，才能在生者的立场上善处丧，而化解实然与应然之间的冲突。道是生命实然与应然的契合点，实然与应然的生命内涵皆是道的真实内涵。庄子建立超越的生命规范，不着意于规范的后得性及结构性的理由，而致力于揭明规范所以成立的先在性理由。对庄子而言，一切道德规范皆是生命规范，而生命规范唯以保生、全生、求圆满生命为旨归。

庄子又在《天道》里批判儒家的仁义，他请老子对孔子说：“又何偈偈乎揭仁义，若击鼓而求亡子焉？意，夫子乱人之性也。”《天运》中，老聃说孔子的六经是“先王之陈迹也，岂其所以迹哉”。可见庄子反仁义之乱人之性，是基于仁义乱人之性来反仁义，人性源自道，故仁义终归于道，道的形上意义足以收摄仁义之全部意义。庄子以统合的道统合有等级性的仁义道德，可谓“以道观仁义”，生命一旦回归道，就不必“偈偈乎揭仁义”了，庄子因此发现仁义概念可能之流弊。至于能知道行道的先王并非庄子反儒的对象，庄子反的是先王之迹，他企图经由对先王之迹的否定，以肯定先王所以迹之道，先王所以迹之道就是道。至此，我们应能同意黄元炳之赞庄子：“其书老氏骨而孔氏髓。”[①]“骨”指的是由本体论所展现的形上风格，“髓”则指本体大用所建立的生命伦理学，由出世而入世，由形上而形下，由个人而群体，庄子即以此生命精神铺展其哲学脉络，以造就其哲学生命，其生命哲学即以此哲学生命为磐石。此外，由于受到名家的刺激，庄子的思想体系乃有了超乎一般哲学理论的倾向。《齐物论》云：“天地一指也，万物一马也。”庄子运用名家之辞，然在哲学义理上超越名家。老子强调人身之患，庄子则更重视思想之病、言语之弊及情欲之害，而情欲之害主要是因前二者而起，这种看法似乎是受了名家的影响，因此《齐物论》之作，显然多少是为了回应名家语理逻辑之挑战。

庄子运用寓言、卮言及重言，分明是为了逃脱语言之限制，以宣说道的奥妙，以达成语言的真正目的：“和以天倪，因以曼衍，所以穷年。不言则齐，齐与言不齐，言与齐不齐也，故曰无言。”（《寓言》）由言至于无言，终于达成语言之全部功能，实现了语言的全部意义。如此，吾人生命便在默然

---

① 见黄元炳《庄子新疏》之《庄子传》，引自王煜《老庄思想论集》，台湾联经出版事业公司，1979年初版，第453页。

的意义大海中与生命之道（自然之道）相契合。语言可以是融合生命的活泼的媒介，它可以配合生命之流程及动向而作各种有意义的发用。庄子批评好友惠施："彼非所明而明之，故以坚白之昧终"（《齐物论》）、"由天地之道观惠施之能，其犹一蚊一虻之劳者也"（《天下》），乃是以生命哲学之立场，反对自陷于语用语意语法之中而徒然浪费生命，而延缓了生命超升的步调。

庄子勇于回应环境之挑战，而其回应之方式是以生命哲学为蓝本的。他以自然反人为，以平和反紊乱，以单纯反杂多，以守住生命之本源。庄子所处的环境有二：一为自然环境，一为人文环境。对前者，他不与之对立，而以艺术化的心境处之。对后者，他予以彻底批判，以保住人的真纯的生命。对两者，他都以看似柔弱其实坚强，看似消极其实积极，看似委顺其实有其抗议精神的生命型态加以调适并转化。他安贫乐道，因贫不仅不害生命，且有助于吾人乐生命之道。他轻功名富贵，因功名富贵乃生命之桎梏。他时或笑世俗之人，因世俗之人不知生命真相且时有反生命之作为。至于庄子之面对当时之政治，则以超政治的作风，试图消解政治在人心中所引起的"意念的灾害"，使政治不害吾人之生命，使政治伦理得以在大道之行中逐步转为生命之伦理。

冯友兰认为庄子受"楚人精神"的影响，此一看法有其文化学上的意义，但就庄子生命哲学看来，仍属片面之见。庄子不受制于时空环境，《秋水》云："无南无北，奭然四解，沦于不测；无东无西，始于玄冥，反于大通。”东西南北乃是人为的空间概念，与道无涉，道是超越任何方所处位的。庄子与楚地的关系是一时性的，和庄学超脱解放的精神无法相提并论。也有人认为庄子崇尚自然，受自然之支配，是由于环境激成所致。[①]这对庄子已形同误解。崇尚自然不必然受自然之支配，反而能以得自自然之种种启示来促进生命本身。恶劣的物质环境不必然使人放浪而萧散，庄子善转物质环境为适合生命发展的情境，而生命的情境具有十足的客观意义，因庄子的生命是活泼的，是积极的，是有抗议精神的。庄子的抗议精神发乎理性，看似温和，其实十分严厉。总之，庄子超越时代环境，而造就出两千多年来中国人生命的一种典型。

---

① 参见胡哲敷《老庄哲学》，台湾中华书局，1970年台四版，第41页。

第三章

庄子生命的主要内涵

在未探入庄子生命哲学的形上路径之前，我们可以从三方面，对庄子的生命先作了解。

一、庄子的生命型态

生命本无一定之型态，然各生命体皆有其整合生命之道。而个人之为一独立之生命体，更有其独特之整合之道，以展现独特之生命型态。庄子之生命不仅表现实际的生命型态，更表现出理想的生命型态，这对庄子的思想特质有决定性的影响。“生命型态”虽无谨密的哲学意义，但对它的了解，可提供我们对生命的还原性的思考。在庄子富有自创自新精神的生命中，其生命型态的理想性十分浓烈，正可帮助我们探究其生命哲学的形上层次。我们可以肯定庄子是热爱生命的。大爱爱生命，庄子即怀抱此一大爱，对生命作了透彻的省思，并致力于生命的彻底的解放。透过庄子的思想与其生命的密切的关系，我们可以如此断言：庄子哲学为其生命之注脚，亦其道德之阶梯。庄子不仅用哲学来讲生命，更用生命来讲哲学[1]；他的哲

① 罗光在《生命哲学》第一版序云：“我的这部书，名为‘生命哲学’，不是以哲学讲生命，而是以生命讲哲学，这乃是儒家哲学的传统。”笔者认为道家哲学亦有此一传统，而庄子之现身说法，其生命哲学的独特风格更胜于老子。

学是生命的哲学，而他的生命则已经过哲学的思考，不断深化其生命体验，不断向更高的生命境界超升。故庄子的生命型态具有存有之内涵，而不能只视之为一种情调或风格。经由对生命型态的反思，庄子乃能立定于生命之主体性之上，而不断实现生命之客体意义，发挥生命之真实潜能。

庄子十分重视个体生命，这也是他与老子不同的一大特色。《庚桑楚》云，“至礼有不人”，郭象注：“不人者，视人若己，视人若己则不相辞谢，斯乃礼之至也。”[①]庄子重视每一个生命个体，并就每一个生命个体之为一个体而平等待之。生命在每一个个体中所投注的内容及所展现的姿态虽有所不同，但并不妨害生命之互通与统合。以此广大的生命观来看个人，庄子乃平等看待每一个个人，如此“视人若己”，似在发挥《易·乾卦·文言》：“亨者，嘉之会也”“嘉会足以合礼”的礼的精神。此生命之大礼是为了使每一个个体平等享受其生存之权利，并保其活命的天机。《大宗师》：“其耆欲深者，其天机浅。”庄子对个体生命之照料，可谓无微不至；生命之微妙便在生命内藏之天机——这是道在人身的具体象征，它不仅是生命体内在而主观的原则，同时是客观性的自然之法则，故天机是生命之主体性与客体性所以能融合的根本所在。

如何在现实世界中安顿个体的生命，确是一大问题。庄子

① 见郭庆藩辑《庄子集释》，台湾河洛图书出版社，1974年影印一版，第809页。

透过安命顺命及天人合一的理想来解决这个问题。[①]庄子一直高悬生命至高之理想，在此一理想光照下，生命之情趣乃得以不断焕发。庄子追求“新”的精神是其生命哲学的一大特色。[②]“新”是生命之自新，生命之自新来自生命永无止息的动力，此一动力是道的理想对现实之人的拉拔与人性内在的向上驱力，彼此相应所致。在此，庄子大举肯定世界的实存、生命的真实及心灵的超越特质。《天地》云：

> 知其不可得也而强之，又一惑也。故莫若释之而不推。不推，谁其比忧？厉之人，夜半生其子，遽取火而视之，汲汲然唯恐其似己也。

这显示十分积极的生命精神。庄子不勉强行道，乃是为了使道对人的生命发挥真正的强化超化之效力。不推求道而心中有忧，此等来自生命深处的忧患意识已然深入现实生命的苦楚中。丑人生子唯恐似己，如此的自知之明，确是生命自新的具

---

① 杨慧杰：“庄子最关心的问题是：如何在现实世界中安顿个体的生命？针对这个问题，他提出两个解决的方式：一个是‘知其不可奈何而安之若命’；另一个是经由修养工夫使个体的精神向超越方面发展。在后一要求下，使庄子的天人合一理想，发展出前所未有的新姿。”见杨慧杰《天人关系论》，台湾大林出版社，1981年版，第122页。

② 吴光明认为对庄子的了解，必致于全人生的革新，庄子的哲学是人生革命之学。以上参见吴光明《庄子》，台湾东大图书公司，1988年初版，第73—74页。吴光明又认为“庄子的情趣”有三方面：一、宇宙自创及个人自创，二、新的境地，三、新是心身的飞腾上升。以上参见吴光明《庄子》，第156页。

体表现。

庄子的生命风格成为中国艺术精神的泉源。徐复观曾对此作了十分详尽的分析，他大体肯定：庄子的人生是艺术的人生，庄子学道的工夫是艺术的工夫，庖丁解牛，技进于道，道是艺术创作最高的原则，而天地是艺术的宝库，故云："天地有大美而不言。"（《知北游》）逍遥之游是精神的自由解放；精神自由，吾人乃能肯定艺术的价值。至于心斋之心则是艺术之精神主体，庄周梦蝶及知鱼之乐，即是美的观照工夫。庄子高超的想象力及其所开拓的人、我、物之间的共感，则为艺术家提供无穷的灵感。总结地说，庄子的美是纯素的朴实的，庄子乃为人生而艺术。[①]

美是存有的一种价值，它亦充满生命的意义。庄子的美是生命之美，由生命纯素朴实的本质所现。此一生命之美直接道体，乃道体在生命中之流行大用，道的即体显用保证万物之间及人物之间的秩序与和谐，美便在其中，艺术之创作自能如自然大化般进行无碍。说庄子的生命型态是美的生命型态，应是十分贴切妥当的。

《天下》对庄子的生命型态作了最完整的描绘：

> 芴漠无形，变化无常，死与生与，天地并与，神明往与！芒乎何之，忽乎何适，万物毕罗，莫足以归。古之道

① 见徐复观《中国艺术精神》，台湾学生书局，1974年四版，第45—143页。

> 术有在于是者，庄周闻其风而悦之，以谬悠之说，荒唐之言，无端崖之辞，时恣纵而不傥，不以觭见之也。以天下为沉浊，不可与庄语，以卮言为曼衍，以重言为真，以寓言为广。独与天地精神往来，而不敖倪于万物，不谴是非，以与世俗处。其书虽瑰玮而连犿无伤也，其辞虽参差而諔诡可观。彼其充实，不可以已，上与造物者游，而下与外死生、无终始者为友。其于本也，宏大而辟，深闳而肆；其于宗也，可谓稠适而上遂矣。虽然，其应于化而解于物也，其理不竭，其来不蜕，芒乎昧乎，未之尽者。

整段文字对庄子褒多于贬，几乎全面展现庄子其人之生命风格。在此我们且略作分析，以见庄子生命之特质：

1.庄子的生命与天地相应相合，而当生命与天地神明交契之际，生死于是不再对立。

2.庄子的语言风格与其生命风格相呼应。生命变化，语言乃随之而变，语言之变化是为了表现生命变化的真实性。

3.庄子的生命“独与天地精神往来”，这就是逍遥之游。

4.庄子“不谴是非，以与世俗处”。这一方面是认知的齐物之论，另一方面则是善处人间世的修养论。两方面交互运用，相互配合，便可达到老子“和其光，同其尘”（《老子》第五十六章）的境界。

5.庄子的生命“宏大而辟，深闳而肆”，这是由于其生命的道论与生命的宇宙论之全面而巧妙的综合所致。他称赞老子是“博大真人”（《天下》），博大而真，亦是庄子之生命理想。

6.庄子上达玄道，“上与造物者游，而下与外死生无终始者为友”。至此，庄子实现了生命的一体性及统合性，因统合而成一体，因一体而能不断进行生命的统合。

二、庄子的存在感受

“存在感受”一词虽非十分严格的哲学名词，但就中国哲学而言，生命存在乃一大事实，而吾人对此一大事实，自有真实之感受。以心应物，自有所感，而生命自身即充满诸多感应的可能。中国哲学的思想流程即在生命多向的感应之道中。在此，我们可以如此定义“存在感受”：一种与自己之生命及其他相关联之存在相应的心的状态，思想的观点、态度与此心的状态有根本的联系。道家之不同于儒家，有一个基本的分界：彼此之存在感受有所差异。以儒、道之共同性格而论，我们可在《易经》找到两家面对存在世界的基本态度：“作易者，其有忧患乎！”（《易·系辞·下传》第七章）生命及生命所存在的世界无时不动，因动而生吉凶悔吝，“吉凶悔吝者，生乎动者也”（《易·系辞·下传》第一章）。有了吉凶悔吝，生命的问题乃层出不穷，吾人便不得不付以深度的关怀，“吉凶者，失得之象也；悔吝者，忧虞之象也”（《易·系辞·上传》第二章）。因此，吾人对于变动不居的生命，不可不“知惧”，不可不“明于忧患”，这就是中国哲学心灵的原型——忧患意识，乃是兼容感性与理性的存在感受。忧患意识促使中国哲人不能不以人的生命力量，特别是人心的自觉力量去解决已然存在或可能存在的种种生命问题。生命本质不是静定的，因此源自生命的忧患意识不是可以定于一端的；而忧患意识却也不是不健康的，它是人心内在一股企欲向上向外以解脱生命困境的精神力量。人人有病，最根本的病是生命的不自觉，及对此“不自觉”的意识无所觉，老子明言：“不知知，病。”（《老子》第七十一章）这便是忧患意识的极度匮乏。病是生命之缺陷与限度所酿致，而只要人自觉有病，并亟欲治好病，如老子的高度自觉：“夫唯病病，是以不病；圣人不病，以其病病，是以不病。”（《老子》第七十一章）在这种以智慧超克意识型态的努力中，人便可以是健康的。

在此，我们可以拿祁克果的忧惧来相比较。祁克果的忧惧主要源自西方一神论的基本设定：原罪。祁克果说：“忧惧是对于罪愆的忧惧，罪愆是一股在四处广布的力。”[①]忧惧另有一个源头：“在每个人的内心深处，都存在着一股忧惧：怕在世上孤寂，怕被神遗忘，怕在上百万的人群中被忽视。”[②]中国哲

① 见祁克果《忧惧》第二章，此段译文引自陈俊辉编译《祁克果语录》，台湾业强出版社，1987年初版，第218页。

② 见祁克果《日记》（1847年），此段译文引自陈俊辉编译《祁克果语录》，第215页。

人并没有如此强烈的对原罪的感受，也没有如此强烈的孤寂之感。中国哲人似乎很早就跨入时间之流，时间带来忧患，时间所主导的变化引生忧患及各种忧患的可能性。面对高天厚地，中国人油然兴起辽阔苍茫之感，所谓“念天地之悠悠”（陈子昂语）的怆然悲怀，于是企欲“为天地立心，为生民立命”（张载语），以盛德大业充实自我的生命，扩大自我的生命，终与天地的大生命混然同流，如程子注《易·系辞》云：“天地无心而成化，圣人有心而无为。”这是儒、道共同的理想，朝此理想努力，便可逐步除去忧患，终于“乐天知命故不忧”（《易·系辞·上传》第四章），这是儒、道共同的目标。如此，吾人生命便可在天地中找到一精神的定点，吾人之生命乃能不动而动，变而不变，一方面无心以成德，一方面有心以造业，然后以德化业，天地群伦于是成为一大生命体。

儒家的存在感受便是怀抱此一忧患意识，在人性本善的恒定基础上，以大易刚健不息、生生不已的生命力量奋勉自励，下学上达，尽心明性，而终于知天事天，达到“万物皆备于我”（《孟子·尽心章句上》）的最高境界。儒家透过深刻的存在感受，终发现伦理价值足以解生命之忧，除生命之患，于是设法转此世界为道德世界，转自然人为道德人。他们最关心的课题有三：一、人格能否完满，二、人性能否成全，三、人伦能否条理畅达。

道家的存在感受依然由忧患意识发端，但方向与儒家有所不同。老子认为人生祸患的根源在吾人此身之存在，故其忧患意识十分迫切：“所以有大患者，为吾有身，及吾无身，吾有何患？”（《老子》第十三章）生命的忧患在于生命有此存在之物——与形器世界具同样结构的血肉之躯。彻底解除忧患之道在回到生命的原始性与单纯性，所谓“见素抱朴，少私寡欲”（《老子》第十九章），于是老子否定世间一切可能妨害生命纯真本性的事物，特别是种种人为之造作，老子因而提出三项否定：绝圣弃智，绝仁弃义，绝巧弃利[①]。由知识的否定到道德的否定再到技巧利益的否定，这是净化生命超化生命的逆溯、后退、回返之路，终由否定再否定而不断推陈出新。然新生命之个体并不突出其个体性及其与别的个体之间的差异性，因生命精神在生命世界的现实性中，已经由对生命的新的肯定而化除一切可能引起生命问题的有限性。个体性与差异性是与生命的有限性相即相涉的，因此老子讲究和光同尘，“光而不耀”（《老子》第五十八章），在生命之光中，已无任何心性之阴暗，生命之忧患即可尽除。

庄子的生命感受大体依循老子，强调人为造作之有害生命。在种种人为造作中，庄子比老子更重视意念的造作，而认为意念的造作所造成的意念的灾难，乃生命最大的忧患。“其寐也魂交，其觉也形开。与接为搆，日以心斗。缦者，窖者，密者。小恐惴惴，大恐缦缦。其发若机栝，其司是非之谓也”（《齐物论》），种种心理现象造成思想现象，是是非非的认

---

① 《老子》第十九章：“绝圣弃智，民利百倍；绝仁弃义，民复孝慈；绝巧弃利，盗贼无有。此三者，以为文不足，故令有所属，见素抱朴，少私寡欲。”

知问题原来出自人心的自我执着与陷溺，所谓“成心”及其所引发的情感欲望，实是生命之大敌。庄子即以此深刻的存在之悲感，向上提起，欲以和谐圆满的天道来化除种种存在物之对立与冲突；并向内深入，欲以无限丰盈的心灵把握生命之主体，不使有限之生命为有限性所困，不使变化之生命为变化所迷。庄子所以能知命安命，而“达命之情”（《达生》），以高超的理性克服生命的大限定，因其存在感受已由存在之表象透入存在之本体，深入存在的变化性，而掌握了生命不变之精神，故能变而不变，不变而变。变与不变之间，庄子贯以充沛的生命力，其生命之自由在此可见端倪。

在《秋水》中，有四则故事直称庄子，称赞庄子卓越的人生智慧及旷达的人生态度。一方面，庄子鄙夷世俗之名利，宁效龟之曳尾于途中以获生命之真自由；另一方面，则欲学古之至人，“始于玄冥，反于大通”。而最动人的生命表现则在“我知之濠上也”的物我互通，同享自然生趣。成玄英疏云：“达其理者体其情。”[①]由知性的超越至于情性的超越，进而将生命互殊之内容完全融为一体。庄子不作冷酷之分析，不作繁琐的推论，而直接以最纯真的生命机趣弥漫天地，所谓“情”“理”，皆是生命之情、生命之理，情理之间所存在的种种问题，可经由生命之会通予以解决。儒家求人心之同情共感，然大多以伦理为范畴，庄子则一举跳开人为规范，一径发明生命

① 见郭庆藩辑《庄子集释》，台湾河洛图书出版社，1974年影印一版，第608页。

之大理，发扬生命之大能。焦竑云："《庄子》一书以明道也。"[①]明道即明生命之道，而庄子所以明道心切，乃因其存在感受极其深切故。怀特海（A.N.Whitehead）认为"理性的职能是在促进生命的艺术"[②]，庄子的理性与其存在感受同步并进，其最终之目的在生命之发扬与超升，这也就是生命的艺术。

三、庄子的心灵世界

"心"是庄子哲学的中心概念，生命理想的实现必经心的认知、体验与实践。心积聚了生命诸多可能性，发扬人性须由人心的觉醒始，生命境界的提升须以心为动能。唐君毅认为庄子由复心以言性[③]，欲"反其性情而复其初"（《缮性》），须先复心救心，以发挥心的生机大能，而绝不可"文灭质，博溺心"（《缮性》），使心陷溺，毁了生命朴实的本质。《庄子》书中言心之处甚多，从负面言心，有"成心""机心""贼心""厉心"，从正面言心，有"心斋""刳心""洒心""解心""斋戒疏瀹而心"等，可见"心"在庄子哲学中的重要性，而治心

① 焦竑：《庄子翼》，台湾广文书局，1963年初版，第5页。
② 见怀特海《理性的职能》（*Function of Reason*），普林斯顿大学出版社，1929年，第4页。译文引自谢幼伟《怀黑德的哲学》，台湾先知出版社，1974年初版，第152页。
③ 参见唐君毅《中国哲学原论·原性篇》，新亚研究所印行，1968年，第33—47页。

不易，心可能遭遇的危机甚多，人或以知识塑之，或以技巧形之，或以情欲陷之，或以流俗困之伤之。吾人须以定静的情境护心养心，心容易被堵塞，故须疏通之；心容易被染污，故须清洗之；心容易被围困，故须解脱之。难怪论者或强调庄子的虚灵境界①，或强调庄子的“开放心灵”②，甚至认为庄子“把现实世界梦境化”③。

庄子的生命内涵几等于其心灵内涵，而其心灵内涵几包含其生命哲学之所有成素，包括对道的默观，对思想语言的批判及种种之道德修养。因此，在把庄子的心灵“虚灵化”之前，不能不先肯定：庄子的心不离道，不离道所化生所实现的一切。心灵的主观性并不取消心灵的客观性，心灵的虚是将心灵的实质内涵由一般之经验活动往上提升，以入于统合经验活动的精神主宰，庄子的“真君”即其精神主宰，此须经由心的虚与实的不断统合加以把握。

怀特海的形上学为一种“默观哲学”（Speculative Philosophy）④，庄子的生命形上学似也可以此名之。默观是以全心观照，是全生命的投入，是本体理性全体的运作。《秋水》：“以道观之，物无贵贱。”如何能“以道观之”？是非有心灵的淬砺与精神的锻炼不可。如何使心灵由杂多向纯一，由殊别向统

① 参见王煜《老庄思想论集》，台湾联经出版公司，1979年版，第116—117页。
② 参见陈鼓应《庄子哲学探究》，作者自印，1975年初版，第81—89页。
③ 参见李康洙《庄子的哲学精神》一文，刊于《哲学论文集》第四辑，台湾“中国哲学会”编，台湾商务印书馆发行，1973年初版，第99页。
④ 参见沈清松《现代哲学论衡》，台湾黎明文化公司，1985年版，第103页。

合，由纷扰向宁定，这都是庄子所必须面对的生命课题。庄子的心灵原是如此活泼而充满吊诡的动态历程，心灵因吊诡而活泼，因不断进行逆溯、回归、复合之辩证而向上推进。它包含所有的心理经验及对此经验的不断超越，以直接与道合，再以与道结合的心面对宇宙人生，以体现生命的价值与意义。庄子的心灵世界即其生命世界，当其转生命世界为心灵世界之际，生命立即贯注于心灵之中，而获致更纯粹的真实性及更普遍的客观性。也唯有透过生命，吾人才可能确认心灵的向度，并进而开拓其深度与广度。

第四章

庄子生命哲学的形上进路

对庄子的生命及其哲学作了鸟瞰式的描述之后，我们便可接着依循庄子之思想脉络，试着探索庄子进入其形上世界的种种路径。在此，我们可以将庄子“一心开多门”的哲学发展，归纳为四门，这四门其实包括了无数的思想路径，而所有的路径皆辐辏向“道”——庄子生命的核心，道的意义即庄子生命的核心意义。

一、直指人世的批判进路

庄子对人世的批判，原基于生命的根本立场，而对生命的认识，主导了批判人文世界的基本方向。《天下》云：“道术将为天下裂。”对庄子而言，这句话几等于“生命将为世俗所伤害”。因此他教人要效法鱼“相忘乎江湖”般“相忘乎道术”（《大宗师》），在道术中保全人的生命，道术乃是保全生命之术。庄子肯定生命的崇高与神圣，而生命的崇高与神圣在于生命本质的纯洁与真实，而不在世人为生命所建构的外在规模，以及生命所外显的气象。他一再警告世人不可违离天性，不可“以故灭命”（《秋水》）。“故”指一切人为之事故，可说是“世故”。为了彻底拔除人为世故深种于人心之根株，庄子在自然化生与自然限定之间，发现足以斡旋并扭转生命歧向的精神力量，以发挥创生之力，以实现化生之理，进以安命转命。在此，我们须认定：命之定乃相对之定，可经由生命层次之超升而予以化除。庄子努力化除生命之人为限制，即是对人世最彻底的批判。

方东美强调庄子的精神转变："庄子所谓的精神转变，不是一个人转变，而是整个世界的转变，是整个世界里面共同生活的人做共同的精神转变。"[①]生命精神归属于全体生命，故精神转变是全体生命之转变，在此一转变的过程中，个体生命逐渐与共同生命体作紧密的结合，而摆脱了个体诸多不利生命的限制与缺陷。庄子批判现实世界的行动和此一精神转变行动相辅相成，他批判个人，也批判个人所集结成的社会与政治，这在《人间世》有具体的例证："凡事若小若大，寡不道以欢成。事若不成，则必有人道之患；事若成，则必有阴阳之患。若成若不成而后无患者，唯有德者能之。"转变精神的力量在"德"，精神既转，人事亦转，而人事之转在转得失利害，使之不害人心人性，至于人事之客观而可计量之业绩，和生命之整体性与根本性并无多大关联。因此，对人世的批判是为了使吾人精神得以觉醒而转向精神的世界，在此，知识与德行的力量须同时发挥，以使生命全部投入形上之思考，义无反顾地坚持"道"的体验与践履。此外，《天下》评论各家之优缺得失，更表现出庄子批判精神的公正与公平，他以开放的心胸助成思想

---

① 方东美：《原始儒家道家哲学》，台湾黎明文化事业公司，1983年初版，第259页。

之自由及生命之自由，这是理性的大照明，庄子迈向形上世界之路乃得以全面展开。

庄子对人世的批判，做得最彻底的是对吾人“自我”之批判，包括对吾人自我之意识、知见、情欲及自我与此世的诸多缠缚的批判，这在《齐物论》有淋漓尽致的挥洒。物及物论是人世的主要内容，齐物以至于齐物论，即是经由客观批判以展现形上思考，终于使生命与道冥合。庄子思想的真自由在此全般展露，而生命亦经由此思想之自由，终获致实质的解放，其间同时满布平等精神，以作自由之保障，而平等精神在批判行动展开之际即不断为回返生命自身的自知之明所体现。

二、直指人性的自觉进路

在进行人性自觉之努力之前，须先肯定人性的实存：“形体保神，各有仪则，谓之性。性修反德，德至同于初。”（《天地》）庄子兼顾生命的形（形体）与神（精神），认为完整之生命有其基本的存在原则——性，“性”除了有其律则之外，也有其实存之本质：“性者，生之质也。”（《庚桑楚》）性即生命之本质，凡物不可失其性，生命之完整性来自性的完整性，而性之完整即“自然”：“其天守全。”（《达生》）庄子此一自然的人性观原和老子无殊，然他似更洞彻人性可能的危机：“驰其形性，潜之万物，终身不反，悲夫！”（《徐无鬼》）

又云：“今人之治其形，理其心，多有似封人之所谓，遁其天，离其性，灭其情，亡其神，以众为。”（《则阳》）这和内篇《养生主》云：“遁天倍情，忘其所受，古者谓之遁天之刑。”《德充符》云：“道与之貌，天与之形，无以好恶内伤其身。今子外乎子之神，劳乎子之精，倚树而吟，据槁梧而瞑。天选子之形，子以坚白鸣。”皆在指明自然之性情为吾人生命之根本，绝不可让它受任何之伤害，而性情之自然即吾人精神生命之所本，这是生命能以道（天）自全，并以不变应万变的根本。罗光云：“人性就是生命的常然。”[①]生命不变的根本就是性，性来自天，所谓“形体保神，各有仪则，谓之性。”（《天地》）性是生命之仪则，生命中有形与无形的因素，皆可归本于性，故性能使生命体与自然之精神相通，而于形上境界中合而为一。因此我们可以断言：庄子直指人性的形上进路乃通贯庄子生命的大道，是性是精是神，使生命之里外如一，上下会通，先天与后天无所间隔，如此生与命终由人性之意义所契合，生命的可能性与其限定性之间乃通达无碍：“达生之情者，不务生之所无以为；达命之情者，不务知之所无可奈何。”（《达生》）自然无为，以达生达命；生与命皆达于道，达于一，生命便臻于自觉自全的形上境界。

至于精神作用则是一种静明虚灵的作用：“水静犹明，而况精神。”（《天道》）“正则静，静则明，明则虚，虚则无为

---

① 罗光：《中国哲学思想史·先秦篇》，台湾学生书局，1982年增订重版，第536页。

而无不为也。”（《庚桑楚》）精神正，精神之作用便能发挥天性自然之无限内涵，故能无为而无不为。而精神静明虚灵的作用经由心的纯粹的功能表现出来。“工倕旋而盖规矩，指与物化而不以心稽，故其灵台一而不桎。”（《达生》）“备物以将形，藏不虞以生心，敬中以达彼，若是而万恶至者，皆天也，而非人也，不足以滑成，不可内于灵台。灵台者有持，而不知其所持，而不可持者也。”（《庚桑楚》）郭象注：“灵台者，心也，清畅，故忧患不能入。”[①]心是精神生命保持其活动力的关键，但它同时具备被束缚被桎梏的诸多可能。心是会死的，“哀莫大于心死，而人死亦次之。”（《田子方》）“近死之心，莫使复阳也。”（《齐物论》）心死是生命之死的先兆。为使心永远活下去，则须长保其虚静神明的本性，不以人为的力量伤害它，不以思虑干扰它，甚至不可固执操持它，而要任其自然之生机自由发展，以与万物合，进而与道合。只有在如此满全的心神状态中，人性的自觉才可能持续进行。人性的自觉是生命回到自身的努力，然因心性有背离生命本原的倾向，如何返本复初，乃成为庄子道德形上学的主要目的，“德者，成和之修也。德不形者，物不能离也”（《德充符》）。道德修养是完满纯和的心性修养，道德始终以心性为范畴，故能不形，而道德力量亦即生命力量，故能不离物，是生命力使万物和合成一体。如此生命之向内即向外，向上即向下，上下自由，出入自

① 见郭庆藩辑《庄子集释》，台湾河洛图书出版社，1974年影印一版，第794页。

在，内外如一，于是此一生命辩证历程与人性之形上进路不谋而合。

三、直指道德的实践进路

人性自觉须经由道德实践之路，心性活动亦即实践道德的活动。庄子的道德具有实践性，唯通过实践，道德才可能获致真实的意义。庄子的生命是在道德实践中的生命，他批判儒家的道德规范，即是为了成全道德真正的目的，实现道德真正的价值。他反机械，其实不是反机械本身，而是反机械所引起之机心。[①]机心取巧，是颇不利于养生命之真，全生命之性的。关于庄子的道德进路，吾人应至少有如下之认识：

1. 以人性之自觉为起点，一路指向圆满生命之道。

2. 结合道德之为道德的本质意义及实现生命价值的活动意义，庄子乃透过生命之动与静，为道德的实践准备了一条通曲成直的进路，其生命之形上属性与道德的实践有十分密切的关系。

3. 最高的道德是无为而无不为的自然。《应帝王》云："无为名尸，无为谋府，无为事任，无为知主。体尽无穷，而游无朕。尽其所受乎天，而无见得，亦虚而已。"所谓"体尽无穷"

---

① 吴光明："有害的不是机械乃是机心，不是数算乃是把取巧之心当作人心之核心。"见吴光明《庄子》，台湾东大图书公司，1988年初版，第101页。

便是将一般之道德体验转为纯粹的“道的经验”，故能无见无得，而达于无所不见无所不得的虚灵境界。

然而，此一道德的形上进路看似有步骤可循，但一进入人生意义的源流之中，吾人种种有意志的行为就将失去其一般性之效力，所谓“游心于淡，合气于漠，顺物自然”（《应帝王》）。在自然而淡漠的道的世界之前，我们不能不回顾此身此世，先设法了解自己的生命：

1.生命有质料之因素，庄子谓生命之质料为“材”，它虽能为生命增添光彩，增加一般之生活经验，却也同时制造了许多困难，甚至肇致生命之危机，故庄子乃有“物物而不物于物”（《山木》）的解放精神。

2.生命中有非理性的因素，对此一可能妨碍生命的内在力量，吾人不可不察，而欲超出生命中非理性的藩篱，并非单凭某一种道德规矩或生活法则所能办到。

3.生命的发展过程往往流于平淡，终至于令人丧失生趣，而感疲惫乏味。

庄子对这些潜在且现在的问题，自有其解决之道。面对第一个问题，庄子的办法是：“周将处乎材与不材之间。材与不材之间，似之而非也，故未免乎累。若夫乘道德而浮游则不然。无誉无訾，一龙一蛇，与时俱化，而无肯专为；一上一下，以和为量，浮游乎万物之祖，物物而不物于物，则胡可得而累邪！”（《山木》）庄子具化一切存在物的相对性，不执两端，不倚材质而傲，亦不恃“不材”而荡，如此乃能与万物之祖——道冥合，而进向“道德之乡”（《山木》），所谓“道德之乡”就是精神逍遥之乡，至此，一切道德的实践活动将实现道德的全部意义。

面对第二个问题，庄子的办法是齐物的认知论，透过“以明”“两行”等认知心态，发挥理性之光，而当理性之光照明之际，非理性的因素将自然消失。此一与生命之发展息息相关的认知将在本文第八章作系统的论述。

面对第三个问题，庄子是以逍遥游的精神，将生命之历程从物质的平面向上旋进，不使其平面化、一元化、单向化。只要生活中不断有活泼的精神因子在，生活的路向能不断有新的境地突现吾人眼前，则生活的情趣将如源泉滚滚，永不止息。中国文人的生活情趣，大体不离此一范畴。庄子是不断以理性的力量维系生命于不坠，且更以滋养生命美善的生活情趣保护生命，同时发挥道德活动的自主性，使吾人在实践生命法则之际，不断获致生命的自由，如此，道德规范的负面作用将降至最低，而吾人便可在生命和谐圆融之美中，不断提升道德之善的层级，不使规范或层级沦为某一种生活经验的工具。

四、生命的超升进路

总结前三条进路，吾人当可明白：庄子生命哲学的形上进路就是生命的超升之路。所以对人世进行理性的批判，所以致力于人性的自觉以开发人性，所以一心与道冥合，不离性德、物德，都是为了生命的超升。方东美以“超越原理”解释庄子之致力于解脱个体生命的限制。[①]邬昆如点出“超升”的概念：“为使‘统一’的观察能够成功，庄子致力于‘超升’的运用，这‘超升’概念在《庄子》书中，就是‘游’概念。‘乘云气，御飞龙，而游乎四海之外。’（《逍遥游》）以及‘尝相与游乎无何有之宫，同合而论，无所终穷乎！’（《知北游》）超升的必需性，来自庄子对世物的束缚体认。在《齐物论》中，外物对人思想的束缚问题讨论至极峰。”[②]《齐物论》化除了思想的限制性，使思想得以向上超越；而《逍遥游》则解除了生命与生俱来的种种限定，此一“解除”并不是对客观事实的一概否决，而是扩大心量，放开眼界的精神锻炼，以使种种存在之限度不再具有实质的意义。由此可见，庄子生命的超升是全面的，彻底的，是心身同时的飞腾上升。[③]

在《知北游》，庄子运用神话人物以示现生命超升之具体境界，于是分别出现“泰清”“无穷”“无为”“无始”“狂屈”“黄帝”等具有超越性生命的象征。显然地，庄子生命的超升是为了使生命回到泰清之道及无穷无为无始之道，这些道的描述性称号，显示了生命超升之路：生命无穷以入道，生命无为

① 参见方东美《中国哲学之精神及其发展》（上），孙智燊译，台湾成均出版社，1984年初版，第192—193页。

② 邬昆如：《庄子与古希腊哲学中的道》，台湾编译馆出版，台湾中华书局印行，1972年初版，第72页。

③ 参见吴光明《庄子》，台湾东大图书公司，1988年初版，第156页。

以合道，生命无始以返道，而生命泰清的境界乃道的境界，“泰清”隐示道的纯粹性。进一步，庄子以黄帝象征“守中”的精神，乃是为了不让生命的超升逆转为无穷的后退，而保其生命现实的内涵与特质，以进行生命的种种创造。我们可以用“创造的创造性”（Creative Creativity）[①]来诠释庄子如此纯粹而淋漓的生命创造力。他掌握了此一“生命的创造的创造性”，因此其生命的创造能永葆其长新的创造性，而此一“生命的创造的创造性”，就是庄子的道的超越属性。至于庄子生命的其他特性：生命普遍的和谐性、生命具体的现实性、生命终极的自我实现，都可在其道论所开展出来的广大生命系统中找到无数具体的例证。

① 参见刘述先《新时代哲学的信念与方法》，台湾商务印书馆，1986年修订一版，第264页。

第五章

庄子生命哲学的形上课题

在未论及庄子生命哲学的形上课题之前，我们有必要先了解庄子思想的基本脉络。《庄子》书分三篇：《内篇》《外篇》《杂篇》，三篇以《内篇》为主，《外篇》《杂篇》为辅。成玄英云："《内篇》明于理本，《外篇》语其事迹，《杂篇》杂明于理事。"[①]由理本而事迹而理事杂明，似是以华严"理法界""事法界""理事无碍法界"之次第来加以解说，大体不违庄生玄旨。

庄子的思想脉络可由《内篇》七篇之间的严密关系作最清楚的展示，成玄英在《庄子序》中有十分简明的析释：

> 所以逍遥建初者，言达道之士，智德明敏，所造皆适，遇物逍遥，故以逍遥命物。夫无待圣人，照机若镜，既明权实之二智，故能大齐于万境，故以《齐物》次之。既指马天地，混同庶物，心灵凝淡，可以摄卫养生，故以《养生主》次之。既善恶两忘，境智俱妙，随变任化，可以处涉人间，故以《人间世》次之。内德圆满，故能支离其德，外以接物，既而随物升降，内外冥契，故以《德充符》次之。止水流鉴，接物无心，忘德忘形，契外会内之极，可以匠成庶品，故以《大宗师》次之。古之真圣，知

① 见郭庆藩辑《庄子集释》，成玄英撰《庄子序》，台湾河洛图书出版社，1974年影印一版。

天知人，与造化同功，即寂即应，既而驱驭群品，故以《应帝王》次之。[①]

由此可见，庄子《内篇》之脉络条理畅达，其中有理、有事，且上达理事圆融、天人合一之生命境界。可以说，庄子生命哲学已在《内篇》自成一系统。

对成玄英此段文字，我们可作如下之分析：

1. 逍遥游直指道境，至于无入而不自得，物物皆具生命超升之力，皆可实现生命超升之理。

2. 已体现生命之自由后，生命一往平等之境终可在生命智慧朗照之下自然显现。

3. 既已齐物，则可以精神之虚灵妙用保养我们的现实生命，并以立定生命的主宰。

4. 立定生命的主宰之后，我们可善处人间世，并解决善恶对立、以善退恶等问题。

5. 在人间世中，圆满德性自然由内而外，以接物化物，达到一体同化的道德境界。

6. 道德的化境可以至于"忘德忘形"，而发挥生命最精粹最强大的创造。

7. 生命创造最高的成就在知天知人，至此，人人皆是其生命之主宰，人人皆是人间之帝王。

---

① 见郭庆藩辑《庄子集释》，成玄英撰《庄子序》，台湾河洛图书出版社，1974年影印一版。

这就是庄子生命哲学的基本脉络，结合了形上学、道德哲学及政治哲学。他使道德形上化，使政治道德化，使生命回归价值之源，而庄子的道德以精神生命为依归，其真谛在实现生命的自由与平等。

如此，我们当可由庄子不假思虑言诠的成德入道的生命历程中，发现其中存在着几个重大的形上课题。如果疏忽了这些形上课题，而一味以庄解庄，可能使庄子之形上思考失去其明确而真实的意义。因此，我们应可在不破坏庄子思想之有机性的情况下，试作概念性的剖析。

一、由动而静，即体显用的回归与统合

此一回归可称为“复归原理”[①]，其复归之进程从有限到无限，从相对到绝对，从现实世界到道体的形上世界。这是理性之回归理性之源——理性之主体，存在之回归存在之源——存在之主体，也是生命之回归生命之源——生命之主体。而理性之主体、存在之主体及生命之主体，三者合一，皆由道建立。“道者，德之钦也；生者，德之光也；性者，生之质也。”（《庚桑楚》）性是生命之本，是所谓“自然”，而生命乃道德的发显，大德化生万物，同于“天地之大德曰生”。故道德

① 参见丁原植《老庄哲学中“有”“无”问题之研究》，台湾辅仁大学哲学研究所博士论文，1981年6月，第37页。

即生命精神之本源，生命之回归以道德为原则，亦以道德为标的。

在此，我们必须辨明："生之质"的"质"不具静态的本质意义。成玄英疏："质，本也，自然之性者，是禀生之本也。"[①]性为生之本，"本"指生命发展之根本——道，故性来自道，性通于道。道亦为生命的法则，故立定生之本，即立定生命的法则；行道即在实践生命的法则，亦即在发扬人性之内涵。性道所以不通，全因生命之个体性、差殊性及种种造作之活动所致，而这一切皆可统合成德。生命之内涵成就德，由德而入道，生命即由动而静，即体显用，发挥其生命之光，并以建立其生命之根本。

由此可见，庄子仍循老子回归之路："夫物芸芸，各复归其根。"（《老子》第十六章）然庄子更进一步，以象征手法，生动地描绘此一生命回归的历程：

> 副墨之子闻诸洛诵之孙，洛诵之孙闻之瞻明，瞻明闻之聂许，聂许闻之需役，需役闻之於讴，於讴闻之玄冥，玄冥闻之参寥，参寥闻之疑始。（《大宗师》）

从文字、诵读、明澈之见、心悦之悟、勤而行道、歌咏赞颂，以至于玄冥、寂寥，最后至于无始之始，如此层层转进，

---

① 见郭庆藩辑《庄子集释》，成玄英撰《庄子序》，台湾河洛图书出版社，1974年影印一版，第811页。

由有至无，由实至虚，由动至静，由语言而超语言，由可思辨至于不可思辨，表面看来是不断地否定再否定，实质上是不断的肯定再肯定，终于生命的大肯定，肯定生命究竟的根本。

即体等同于回归，显用是显道体之大用。即体与显用乃生命一时之运作，而不是可以二分的不同阶段。“即体”显示永无止境的不断趋近生命最高之理想，愈接近此一理想，生命之作用愈真愈纯愈妙。《寓言》里颜成子游对东郭子綦说：“自吾闻子之言，一年而野，二年而从，三年而通，四年而物，五年而来，六年而鬼入，七年而天成，八年而不知死、不知生，九年而大妙。”大妙是指生命之价值理想大幅之体现。由此，吾人可知：庄子已将儒家生命之价值学提升至生命的存有学，以存有涵摄价值，这就是即体显用的统合性的大创造。

“泰初有无，无有无名。”（《天地》）“天门者，无有也，万物出乎无有。”（《庚桑楚》）又云：“有不能以有为有，必出乎无有，而无有一无有。”（《庚桑楚》）任何之有皆不足以成为其他之有的存在根据，唯统合诸有的根本原理能提供诸有兼具形式与内涵的存在意义，而此统合原理已然超乎诸有，已无诸有之相对性、有限性及差异性，故名之“无有”，“无有”就是道。章太炎云：“天地本无体，万物皆不生。”[①]万物因道而生，就道之有而有生，就道之无则无生。万物因道之有而有其由无向有的创造性，亦因道之无而有其自有归无的无尽奥

① 章太炎：《齐物论释定本》，台湾广文书局，1970年初版，第40页。

妙，故无不害有，反助成万物之有。总而言之，即体显用乃是统合有无的辩证发展，庄子所以贵无亦贵有，出世又入世，因其生命总在动态的辩证历程中。就此一连续而通贯的历程，生命是没有终极性的死亡的，也可以说，生命是不朽的，这是生命之回归与统合交互运用的结果。

二、认知与行动的相即相应

在此，我们先就字源学的观点，来解析“道”字，可以发现“道”包括两层意思：一是“首”，指理性；二是“行”，指行动及种种人生经验之活动。[①]就道之为一而言，这两层意思其实不可分离，即理性即行动，即思想即经验，即知即行，即动即静，即言即默，道的统一性已然化消知行之间的种种对立，知行的对立可以透过思想与经验的融合逐步予以化解。言默无间，知行自相应；知在言中，行由默起；因知而言，因行而默，两者之间乃是有机的关系。知行的有机关系来自道在生命所呈显的各种通顺之道；因知而通，因行而顺，知行合一，

① 邬昆如云：“‘道’概念的原始字义已指示出‘首’，象征着思想，象征着理智；道字的另一构成因素是‘行’，行是着重实行的古代中国思想的基本形态，是具体生活中最基础的动力与本质。”见邬昆如《庄子与古希腊哲学中的道》，台湾编译馆出版，台湾中华书局印行，1972年初版，第81页。此外，唐君毅对“道”亦有十分详细的解析，参见唐君毅《中国哲学原论·原道篇（一）》，台湾学生书局，1986年全集校订版，第29—33页。

则生命之道无不通顺。

以上所言之道，乃就道之作为知行之法则立论。道之所以能超乎理性与行动，因形上之道乃理性与行动之本源。形上之道是一，故有其统合理性与行动之用。形上之道亦为价值之源，即存有即价值，故可融合一切之思想、经验，使生命的意义朝向无限之存有作全向度的开展，以体现至真至善至美的价值理想。道的形上意义在未落入经验与行动的范畴之前，可以透过本体理性予以辨明。而在道已然以其形上意义统合生命之际，理性便由本体理性迈向实践理性，两者在生命意义中所呈现的差异相，可由道予以涵化为一。

当我们的生命不断趋近道，知行之间的距离便愈来愈近；反之，当我们的生命背离道，知行之间的距离便愈来愈远，终至于理性自身之分裂，以及生命自身之灭裂，而现象与本体在吾人生命中的意义便再也难以接合。道建立生命之本体，同时赋予生命现象无穷的意义，故知道即为了行道，道是一切生命活动之准则，知行在道的引导之下，相即相应，一齐朝生命之理想前进。

庄子以道为思想与行动之唯一指标，因此他屡次运用“道通为一”的原则，来解决思想及行动的问题。庄子将道的统合意义赋予各种人为活动，使人为不害自然，即不害生命之纯真之本质，以化消人为所可能造成的问题。在道之中，行即无行，无行即行；在道之中，知即无知，无知即知；在道之中，梦与觉之间也不需谁来强作解人。当然，由知到行仍有一贯次第，故庄子仍有十分强烈的时间感，“夫物量无穷，时无止，分无常，终始无故”（《秋水》）。此知行之一贯次第在无量的时间中终始无故、历久不衰，原来在时间之中已有超时间的道的意义在。庄子的时间感由超时间的道逼显出来，是道使定量的时间在生命中有了一定的意义。刹那即永恒，对庄子而言，并非只是文学性的感受，而有其十分明确的哲学意义。由此至于无古无今、不死不生，庄子终化小行为大行，再化大行为无所行无所不行。道之所以玄冥大通，即由此生命活动之不断超化所致。同时，小知可化大知，大知可化为无所知无所不知。知行的最高境界即是道的境界，至此，知行的活动即是“道法自然”的活动。“无思无虑始知道，无处无服始安道，无从无道始得道。”（《知北游》）由知道、安道到得道，全在默观玄想中进行，如此知行一贯，是不必也无法再在知行之间作任何的测度了。

三、方法与目的的相涵相摄

中国传统形上学所建立的形上世界乃一价值的世界，儒、道、墨各家各有其发现价值的方法，然根本上，各家所肯定的价值系统实可互通，而皆以人之精神生命为价值系统之所系。中国哲人便以此生命之价值意涵将世界转成吾人生活意义所寄的一大存有，其中处处是我们知识与行动的目的，可以说，整个价值世界即一大目的论系统[①]，生命目的之达成在于价值之实现，而生命价值之建立则在于目的论系统的完成。

庄子即将其生命化入此一目的论系统中，而将此一系统缩结于道，故吾人可称之为“道的目的论”。亚里士多德论其“至善”为吾人所追求之最后目的，有云：“凡一件事物之本身成为我们选择的目的，而绝不为其他原因，则该事物毫无疑义的是我们最后的目的。”[②]庄子的道即庄子最后之目的，道之内涵即吾人所追求之“至善”；道不是一种手段，而道可使其他事物不仅可作为手段，亦可成为一独立自在之目的。所谓“自然”，有一基本义：物物皆是一目的，物物皆可以自己为唯一之目的。当然，作为最后目的的道，并不排除方法之运用，种种体现道之意义的人生修养仍有其作为方法、手段与工具的效用，而经由方法、手段与工具之运用，道之为目的方能逐渐被揭显出来，而人生之进路方能成为吾人履道坦坦之大道，人性之光明方可照破一切妨害吾人自由活动之心理阴暗。

庄子是以道之为一，将人生之目的与方法涵摄为一。对此，我们可以从底下这几方面来加以证明：

1.《天地》里，庄子假孔子批判那位灌园的老人：“治其内，而不治其外。”即是在批评这位反机械的老先生只知“道”

① 参见方东美《中国哲学之精神及其发展》(上)，孙智燊译，台湾成均出版社，1984年初版，第49—50页。

② 见高思谦译《亚里士多德之宜高迈伦理学》，台湾商务印书馆，1979年初版，第9页。

之为目的，而不知“道”可向外涵摄所有之手段与方法。“明白入素，无为复朴，体性抱神”（《天地》），这是进入道的目的系统之后，生命所成就的境界，如此便能“游世俗之间”（《天地》），而不使人惊。目的涵摄方法，方法便不再突显其巧思奇技，又怎会令人心惊？这就是老子的“挫其锐，解其纷，和其光，同其尘”（《老子》第四章），以道为目的的方法足以挫锐解纷，而生命之光与尘（相等于精神与物质）终可为人生最后之目的——道——所涵化，成为和同之一体。

2.《大宗师》云：“天与人不相胜也。”表示目的与方法之分不害其合，天示目的，人示方法，而人终为天所包涵，因此就天的目的范畴而言，人人皆是一目的，皆是道德实践之主体，皆可进升于道，而使人生种种之意义与此最后之目的相融贯。因此，庄子之自然，吾人可称之为“最后之目的”，它统合了一切之目的，这就是道的统合性最真切之表现。

3.庄子观复观变的工夫是以最高妙的方法达成最高妙的目的，甚至是以目的对目的，方法已在其中，故能达到能所两忘、得意忘言、得鱼忘筌的境界，庄子一再强调“忘”的工夫，理由在此。

4.庄子生命的目的是无目的的目的，无方法的方法。由于道遍在一切，故无物非目的；物之为物乃在己不在他，因道独立自在。就物之自身，物是实现其自身之工具，亦是实现其自身之目的，故控制、驾驭与追求、奉献等活动其实是一连续性的生命活动，皆可一一进入道的目的系统中，而完成其通贯生命意义的大目的。生命终与道成为一体，生命之具体化过程便成一实现目的的过程，如此，生命的机体活动乃自然展开，生命之意识乃在不断统合之后向上超升，一切精神的活动乃成创造之活动，亦即实现价值之活动。

怀特海云：“玄想的理性是在其要素上不为方法所妨碍的，它的职能乃在深入于有限理由之外的一般理由之中，乃在理解调整在事物性质中的一切方法只能由超越一切方法去把握，这种无限的理想是永不为人类的有限智力所达到的。”[①]庄子的道近似怀特海所谓的“一般理由”及“无限的理想”，他所以全心明道以得道，旨在超越有限理由及一般之方法，以实现生命至高的理想，因此庄子在发现智力的有限性后，乃不断发挥其玄想理性，即其理性的玄想功能，玄之又玄，不断地进行辩证与超升，以入众妙之门，亦即以其超越一切方法的方法去把握那超越一切目的的目的——道。庄子超越一切方法而不坏一切方法，超越一切目的而不离一切目的，如此物能互变，物形相禅，生命的机能得以作无穷的开发，生命超升之最后目的自在其生命无穷的辩证系统中。在此，庄子将道在宇宙的观点和生命在道中的观点相衔接，其“道遍在万物论”必须由超越的形上学加以完成，理性的玄想功能为此作了确实的保证。

---

① 见怀特海《理性的职能》(*Function of Reason*)，普林斯顿大学出版社，1929年，第65页。译文引自谢幼伟《怀黑德的哲学》，台湾先知出版社，1974年初版，第194页。

四、实相与表象的互相融贯

庄子志在逼显生命之实相，进而以生命实相来统合生命之表象，而将表象之局部性、有限性、短暂性、对立性、依附性等一一化入实相——道——的一体性、无限性、恒久性、绝对性、自立性中。《齐物论》旨在以实相齐表象，而获致生命之真平等；《逍遥游》则以独一实相游于众多表象中，而获致生命之大自由，使实相与表象之对立不至于成为吾人生命超升之障碍。进而以之为阶梯，设法融贯表象之杂多性与实相的统一性，达成"一中有多，多中有一"的生命无碍境界。在此，我们可以仿柏格森（H.Bergson）的说法，作如下之比论：庄子以道为其生命绵延之韵律，一切物质之表象在此绵延之韵律中不断被取消彼此间的差异性，而无数瞬间所制造的杂多性，也于是进入永恒的系统中，终归寂寂。[①]由认识论进入形上实体，实相是道；而道作为知行之原则，则逼显了生命之实相，而此一生命之实相在动态的道的历程中，生命之无尽绵延在此，生命之无穷律动在此，如此，差异不断被取消，因时间相续而起的变化的状态终归于原则不变的生命系统，生命的超时间性并不必在破坏生命的时间相之后才显现，因生命的实相之所以摆脱表象的纠缠，原是为了以实相融化表

① 参见柏格森《物质与记忆》，张东荪译，台湾先知出版社，1976年版，第368页。

象，以一化多，而终于一多无碍、理事无碍。庄子以道统合万物之理，以万物共通之理统合万物差殊之事相。生命全体之显豁，乃生命之实相与表象互动的结果，其间，道不断进行理事之涵摄与统合。

《秋水》“以道观之”是观实相，而“以物观之”“以俗观之”“以差观之”“以功观之”“以趣观之”则是观表象，而于观表象之际，并不失其道眼，故能了然于各种表象之分殊。“因其所大而大之，则万物莫不大；因其所小而小之，则万物莫不小。”（《秋水》）表象之分殊并不碍实相之统一，由分殊可趋向统一，乃是庄子以道融贯一切事相理相的高明手法所致。由事相理相之各种角度，皆可见生命之实相，故生命之各境界及价值之各层次，皆可升进于道的最高境界。各分殊表象之间，具备互成一体的有机的关系。

为了融贯实相与表象，庄子运用高超的象征手法，将实相之在表象中者或表象之在实相中者，全转为曼妙生动的象征，以共同组合成一大意义系统。故对庄子而言，人不仅是理性的动物，更是“象征的动物”[①]。人以象征照见生命之意义，人以象征抉取自然之机趣。象征是意义的结晶，运用象征，一方面是为了避免二分法的谬误，不使思维落入逻辑的陷阱中；另一方面，则是为了保持生命的完整性及活动性，以展现生命之实相。在象征相互交织之际，实相与表象乃相互渗透。可以

① 卡西勒云：“我们不应把人界定为‘理性动物’，而应界定其为‘象征动物’。”见卡西勒《人的哲学》，杜若洲译，台湾审美出版社，1976年初版，第42页。

说，一大生命体中，无处不是象征，无不可据之以作生命之完整之诠释，故象征手法使庄子生命哲学展现了独特风貌。道之有象有物有精有信[1]，乃庄子所特别关注的，透过道之象、物、精、信等实存之义涵，庄子发现生命之内涵是无比丰富的，而生命内涵所以无比丰富，乃在于生命之精神元素与物质元素可作全面而深广的整合，这就是象征手法的高度运用，以超于实相与表象之二分，以超于精神与物质之二分，而终助成生命一体之超升及一贯之完成。

五、生命价值的否定与肯定

辩证原理是庄子不断运用的形上原理，在辩证的历程中，庄子主要是在进行价值的辩证：不断地交互运用价值的肯定与否定，终于达成最高价值的最大肯定，至此，所有次于最高价值的其他价值皆遭否定，此一大否定正足以成其最大之肯定——肯定“道”及道所创生之一切，故此最大之肯定肯定了一切之价值，并重新肯定所有曾遭否定的价值，这是生命的大

① 见《老子》第二十一章：“孔德之容，惟道是从。道之为物，惟恍惟惚。惚兮恍兮，其中有象；恍兮惚兮，其中有物。窈兮冥兮，其中有精，其精甚真，其中有信，自古及今，其名不去，以阅众甫，吾何以知众甫之状哉？以此。”庄子透过此道之恍惚窈冥之象征，发现道之真精有信之内涵，并将其铺展于天地之间，即自道之为物之始以迄道之为物之终，始终一贯，惯以一贯而多变之象征，因此避免了有始无终及停滞于抽象层次的危机。

肯定，是须以生命的行动全力以赴的。

不断进行价值之辩证，乃是为了超越生命既有之主观义涵，以上达生命之本体，生命之本体即价值之本源。道为一切价值之客观基础，道为“真”之价值提供一条觉悟密契之路，道为“善”的价值提供一条建立生命尊严与理想之路，道也为“美”的价值提供一条创造和谐与观赏妙趣之路。

庄子肯定万物之价值不仅是内在且遍在的，就道赋予万物存在之内涵而言，物的价值亦是相等的。然万物固守其存在之价值，并不意谓“价值之超越”是不可能的。“超越”是价值之为价值的基本要件。如果万物皆因自适其适、各安其分而故步自封、自满自足，则高等价值之实现将成幻梦，生命之超升将因此停止。究其实，一切价值之差异性只具相对性，而当一切价值为道之“一体之美善”所统合，一切相对的差异性便不再具有任何意义，这使得价值能在超越的进路中，不断地进行辩证。

价值的设定不仅是人心共同的需求，亦是存有的超越属性。否定负面价值，追求正面价值；否定低等价值，追求高等价值，这不仅是人心最内在的欲求，亦是最高存有所保障的人生超越之路。价值为存有之超越属性，存有为价值之真实基础。同理，道是庄子建立其价值系统的最后根据，而对于在道之下，所有可区分可辨识可作为吾人追求之目的物的价值，庄子则将它们一一翻转，透过否定与肯定的辩证历程，从有到无，从无到更上一层的有，亦即透过“无”及“无无”的超越工夫，使万物之存在从小有到大有，从短暂之有到恒常之有。如此从认识论到本体论，生命之存有意义将不断地加深扩大，而至于无限之有，价值乃因此不断超越相对之阶层而终获致绝对之意义，价值之实现须与其超越同时并进。

在此辩证历程中，庄子以无价值色调的自然精神作为辩证之一贯原理。表面看来，“自然”取消了一切之价值，但就实质而言，“自然”保全了一切价值，使价值不断回返其自身，而在回返自身之际，又能不断地向外显现，以不断丰富现实世界之价值内涵。故“自然”为一辩证之路、超升之路，并非毁弃价值的后退之路，更非摒除生命的自绝之路。

价值之辩证形成一庞大的价值网络，庄子将生命安顿在此网络中，故能齐物逍遥、养生达生。在《秋水》里，河伯与北海若的七问七答，为庄子此一价值大网作了十分具体的展示。河伯的第七个问题：“何谓天？何谓人？”天人是价值大网的两端，如何将此两端联结，关系价值的成全与开展。北海若回答说：“牛马四足是谓天；落马首，穿牛鼻，是谓人。故曰：无以人灭天，无以故灭命，无以得殉名。谨守而勿失，是谓反其真。”天人之辨乃价值的分合之辨，亦是价值的本末之别。天是价值之全之本，人是价值之分之末。分终入于全，末终归于本，故不能以人灭天，而应以天生人，以天全人，即以最高之价值成全生命，回归生命之本然。“反其真”是价值的实现进路，不断趋近最高的价值理想，亦即不断统合肯定与否定，而终于无所肯定亦无所否定的大通之道。故可见肯定与否定不能只具认识论的意义，而应同时具备道德实践的意义，如此，才可能在价值实现的历程中，同时体现生命之本体意义，而生命之本体也才可作价值之本源，不使价值之目的无从建立。

确立了生命之本体，吾人才可能进行价值之辩证、价值之超越及价值之实现。庄子以气为生命之本体，以道为生命之法则。庄子的气具有本体之意义，故谓之“一气”，生命体之为一个完整的个体，乃此“一气”所致，而气之化生与流行，则遵道而生，循道而行。在此，吾人可如此界定：气之化生即生命价值之具现，气之流行即生命价值的大统合。也可以说，气的活动就是价值的实现活动。生命以气进行各种价值的活动，生命之内涵由气所变现，其中无不是价值的体现。而道的形上意义与气的形上意义可经由价值之统合而不断地结合，此一结合即生命的自我实现，由小生命而大生命，此一统合、结合的历程是无穷的。

以上所论，是庄子生命哲学的形上课题。除了各形上课题有其特殊之意义外，彼此之间的融贯性，更是庄子建立其哲学系统的基础。所以运用“动”“静”“用”等概念说明庄子的道，旨在阐明道为生命活动的基本原则，并使道兼具生命回归与统合的双重意义，回归为了统合，统合乃所以完成回归。在回归与统合的交互、错综之作用下，认知与行动即可相即相应，方法与目的即可相涵相摄，实相与表象即可相互融贯。生命统一之相经由这三个形上课题的解决，才得以展现，而生命统一之相即道相在体用合一的情况下，于生命中自然之化现。

体用合一是形上的精神统一，由此精神的统一，自能达成知行的统一，方法与目的的统一，以及实相与表象的统一，所谓“统一”是统于道，一于道，其中无不是气的化生与流行。最后的价值辩证与实现，则是道的回归与统合在生命与价值共生的存有范畴中，所达致的真实的完成。生命之为存在，价值之为属性，皆须以道为基本之形式，以道为最高之条件，以道为最普遍的理则，而生命价值的实现之道，又须有其现实之条件及足以完满其生命内涵的质料因素，此现实条件及质料因素就是气，气具有融贯生命之特性，道与气的相即相应之关系，衍生出庄子生命之系统。道无限，气无量，故生命之系统无穷亦无尽。

第六章

庄子生命的特质

经过形上进路的疏理与形上课题的诠定，庄子生命哲学的形上意义已昭然若揭。由人世而人性，再由人性而上达于道，终使生命不断超升。此一贯之道中，步步是意义的履现，层层是生命的发展。如此回返道源，透显道用，使本末无殊，动静一如，体用相应，生命之自主性已在其中。知行合一，方法与目的不隔，实相与表象相融，生命的平等自由当可彻底实现。如此生命从有限趋向无限，转相待之境为无待之境，生命的自在变化其实不离生命不变的主宰，而一切生命的对立乃成其为和谐的系统，生命之差异乃成其为统一之系统，生命于是展现其整体性、相连性与一致性，这就是庄子生命的特质。因生命有其特质，故庄子之生命哲学有其独特之意义。也可以说，庄子以其具有独特意义的生命哲学，发现生命之特质具有形上之意义。

底下，我们将分别界说庄子生命的特质，并试着融贯各生命之特质，以见庄子生命之总相，以揭露其完整的形上意义。

一、自然自主的生命论

论者多谓庄子为“自然主义”，并解“自然”为“自己存在”“自己如此”[①]。此义大体无不当，然若将此自然之生命置放于有限之事物中，则必须先设定一前提：自然即是道，道即是自然。以自然解道，或以道解自然，皆意谓生命经由自觉以达成生命之自主。老子谓“道法自然”（《老子》第二十五章），自然与道其实是一不可分的“整体”，亦是一不可再依其他条件予以解析的“原理”，道故是绝对之道，自然故是无限之自然，道的绝对性正足以成就自然之无限性，生命的绝对性与无限性即在此。若离弃道的绝对的实存意义，则“自然”将被空化成可能被误解误用的空泛概念。道的实存不仅不害自然之空灵，且适足以助成自然生命之超升；生命不超升，便无法拓展生命空灵之境界。道家有无双运，虚实互通，不偏有亦不偏无，不倚虚亦不倚实，因此其自然主义与其绝对的道论须予以贯通而并重，否则，任“自然”落入事物的个别相状中，而成为一种不可知论，如此将“道”截头去尾，游移于精神恍惚之间，就是莫大的错误了。

生命的自然来自道的自然，而以自然的宇宙为实现之场。

① 吴康云：“庄生思想，其本为自然主义。自然者，自己存在，自己如此。”见吴康《老庄哲学》，台湾商务印书馆，1969年修订台七版，第108页。王煜谓庄子哲学为“自己如此主义”：“在其‘自然’的玄境中，不但宇宙整体自然或自己如此，而且宇宙中任何事物，一一独立自足，毫无因果律的羁绊与限制。”参见王煜《老庄思想论集》，台湾联经出版公司，1979年初版，第117页。牟宗三认为道家的自然是个精神生活上的概念，又解“自然”云：“就是自由自在，自己如此，无所依靠。”参见牟宗三《中国哲学十九讲》，台湾学生书局，1983年初版，第90页。

生命的自主性来自生命之“道法自然”，因此生命自主之理亦在于道，道使生命在体现道的范围内作自己的主宰，而此一主宰意义须与道的主宰意义相提并论，否则亦将落空。庄子言“自化”：“物之生也，若骤若驰，无动而不变，无时而不移。何为乎？何不为乎？夫固将自化。”（《秋水》）如此无待而自化，超乎主动与被动。唯道自动，故物自动；唯道自生，故物自生，如此变化乃能自由自得而无所不变，无所不化。自化是“自然”在生命中的作用，物物自化即等于自然之大化，大化以物物之自化为内容，而道本身就在自化的历程中，不断在有限物中发挥其无限的创化功能。

《齐物论》云：“若有真宰，而特不得其眹。”郭象注云：“物皆自然，无使物然。”[①]另外，郭象注《逍遥游》“乘天地之正，而御六气之辩”，云：“天地者，万物之总名也。天地以万物为体，而万物必以自然为正，自然者，不为而自然者也。”[②]郭象如此大肆发挥其自然主义，乃其注庄之宗旨所在。不过，“自然”必须扣紧生命，以发挥其以道为本的第一义，绝不能落入无生之物的第二义。肯定生命之自然自主，方能上合自然大道，下融自然万物，而以宇宙为一大生命，生命为一大宇宙。万物之所以有生，宇宙之所以有机，皆可由此见端倪。

有论者以“必然”解庄子之自然，并以为万物是“天道偶

① 见郭庆藩辑《庄子集释》，台湾河洛图书出版社，1974年影印一版，第56页。
② 见郭庆藩辑《庄子集释》，台湾河洛图书出版社，1974年影印一版，第20页。

然的盲目的配定”[1]，这是相当大的错误。自然之论原在反人心意识自主之“必然”，并用以破除那导生“偶然”概念的不可知论。至于对“究极的必然性”的肯定与否，并不是庄子所关心的课题，不过，庄子对此依然持开放的态度。他不为必然与偶然之逻辑关系而起争论，道本身即是一大必然，但此“必然”之意义非一般性之意义，而须与道之绝对自主性相结合，故道之自然即已包涵道之必然。至于“偶然”的问题对庄子而言，并无实质之意义，他以其天论及命论消解了“偶然”，《大宗师》云：“死生，命也，其有夜旦之常，天也。”命与天原为一体，其间已无“偶然”存在的余地。可以说，庄子是以“自然”化除了“必然”与“偶然”的不相容性。

道的“自然”是有被转落成“必然”的可能，然就道而言，自然就是自然，这是道的唯一的真实的意义，并不能顺吾人心理之趋势将其转为“必然”。至于所谓的“被动的自然主义”[2]，更是一矛盾之辞。既是自然，便不被动；既已被动，被外力所动，又何能自然？自然而自主，乃是一贯的生命理路，绝不能从中予以割绝。克就庄子的生命精神，乃在于不断

---

① 蒋锡昌以“必然”为天道的特点之一，他说：“万物既无主张，亦无目的。其所有行动、发展，均各有其不得不然之势。换言之，均有其必然性也。”又说：“万物之成，因系被动而非主动，系必然而非或然，故其行动皆出于不得不然，而非自欲有所然也。”参见蒋锡昌《庄子哲学》，台湾万年青书店，1974年版，第12—13页。

② 吴康认为老庄的自然主义为“被动的自然主义”，参见吴康《老庄哲学》，台湾商务印书馆，1969年修订台七版，第167页。

消解吾人诸多必然之意向，而将直指一定之目的的行动引导向生命之大道，亦即以自然之道纾解吾人生命之紧张，缓和吾人生命之奋兴，并提拔吾人生命向下之陷溺倾向，如此方可能达成生命最高之理想与最终之目的，故所谓“反其真”（见《大宗师》《秋水》）乃返生命之自然，顺自然之道，以使生命回返自身。不论庄子如何发现“自然”之意义[①]，我们须将其自然之生命观建立于自然之道论之上，并保持其生命自主自由的特性，以使自然主义助成庄子之生命理想：“汝游心于淡，合气于漠，顺物自然而无容私焉，而天下治矣。”（《应帝王》）庄子无为而治的政治观即以自然主义为基础，这便是以“自然”解放生命精神之后自然成就的人文大业。

二、机体主义的生命论

庄子的宇宙是有机的宇宙，宇宙万物之间的关系是有机的，可以自行调整的，而有莫大的回转余地，此一回转之可能性来自广大的生命领域。联结有机之关系，自能形成有机之生

---

① 郎擎霄认为庄子从三方面发现“自然”之意义：一、自然现象之观察，二、历史事实之观察，三、生物现象之观察。参见郎擎霄《庄子学案》，台湾河洛图书出版社，1974年影印版，第50—54页。笔者认为除此三方面之外，庄子亦从人文及道德事实的观察，正反互证，本末兼顾，以发“自然”在吾人生命内涵中的独特意义。

命体，也可以说：是有机的生命保障了有机的关系。就庄子保全生命养护生命的观点看来，他照料生命有机性之苦心，实在无微不至。保身全生，养生达生，无不以生命之有机性为前提。生命之有机性由生命自然之道所展现，所谓“缘督以为经”（《养生主》），顺自然之中道，即可保身全生，所谓“依乎天理，批大郤，导大窾，因其固然”。“天理”“固然”皆指自然生命之有机性。庖丁解牛，“以无厚入有间，恢恢乎其于游刃必有余地矣”，则以超乎量化空间之神力入于有间而深广无垠的生命领域中，故能运用生命之有机性以驾驭其无机性，而成就其高超之全生养生之本事。可见生命之有机性是在有限的时空中发挥超乎有限时空的生命大能，薪尽火传，火乃有机生命之具体象征。因此，唯有保住生命的有机性，生命才可能不死，不死的是那有机性，会朽坏的是丧失有机性之物。在大生命的活动历程中，有机与无机终化而为一，一切莫非生机与生气。

庄子的生死观亦来自机体主义的生命论。庄子“以死生为一条”（《德充符》），以天地为一气（《大宗师》：“游乎天地之一气。”《知北游》：“通天下一气耳。”）所谓“一条”“一气”，乃是生命有机关系的大统合。《大宗师》云：“孰能以无为首，以生为脊，以死为尻，孰知死生存亡之一体者，吾与之友矣。”自无而生，自生而死，仿佛人身之从首到尻，一贯而来，一无间隙，这是以人体之有机性喻示一切生命之有机性。若从价值学的完形理论看来，庄子是以宇宙为一大完形，其中包涵无数之完形。[①]整全的价值与价值的整全，都是以生命之有机性为基础，而源自完整精神体之生命虚灵境界亦经由生命之有机性作自由的挥发。心的有机性即心的虚灵性，因此庄子的机体主义，亦可称之为“心之机体主义”。

在西方哲学中，以怀特海的自然机体论最接近庄子的有机生命观。[②]怀氏的自然机体论以科学之宇宙观为基础，开展其广大而丰富的形上体系，侧重实际事物的变化及历程，并以实际事物之联系关系为基本之存有范畴。而怀氏所运用的逻辑为

① 当代价值论的重要哲学家方迪启（Risieri Frondizi）主张：“价值是一种完形性质，是综合主观与客观的优点，并且只在具体的人类情境中才存在以及具有意义。”他认为“完形”（Gestalt）具有三项特征：一、一个完形具有那些在它组成部分中以及它各组成部分的纯粹组合中所找不到的性质，二、它是具体、真实的存在，三、它的组成部分之间，是整合而相互依存的。参见方迪启《价值是什么？》（*What is Value?*），黄藿译，台湾联经出版公司，1984年初版，第128—130页。笔者认为庄子以生命之完整性、一体性及有机性看待自然事物，其价值观与完形理论有相近之处；透过完形理论，可以帮助我们了解庄子在具体存在中所发现的存在意义与存在价值。

② 怀特海的形上学脱胎于当代物理学，他致力于消除近代科学的两种主要错误：“自然二分法”（Bifurcation of Nature）及“简单定位”（Simple Location），提出新的宇宙论——“自然机体论”（An Organic Theory of Nature），怀氏即以此“自然机体论”之科学宇宙观为基础，展开了广大而丰富的形上思想体系，而建构了“机体哲学”（Philosophy of Organism）。怀氏从此“机体哲学”之观点，透过实际事物的关系、变化及动态历程，以发现实际宇宙之真相，其精神意趣和庄子十分近似。有关怀特海“自然机体论”及“机体哲学”的主要论点，可参阅他所著的《自然的概念》（*The Concept of Nature*）和《科学与现代世界》（*Science and the Modern World*）二书。

“关系逻辑”[①]，用以全般展现实际事物之有机关系。就比较哲学的观点，我们可以如此论说：庄子亦运用其独特之关系逻辑，以整合全数存在物之关系为一有机之大生命体，因万物多向多重之关系，而推衍之、包罗之、整合之。所谓“和之以天倪，因之以曼衍”（《齐物论》），即是运用关系逻辑以保自然以全生命，其中无不是完整之结构，物物相互依存，彼此参合，而形成一有机之统一，全体与部分之分际乃为生命之有机性所消融。

三、生命发展论

庄子以为生命之发展乃在对立的关系中进行，而生命之发展以道为中枢，所谓“枢始得其环中，以应无穷”（《齐物论》），不仅可用以说明有是有非之知识系统，亦可用以说明生命发展之为一无穷系统。“其分也，成也；其成也，毁也；凡物无成与毁，复通为一。”（《齐物论》）成毁是生命发展之

① 怀特海运用“关系逻辑”（The Logic of Relations）代替亚里士多德的“属性逻辑”（The Logic of Properties）。约翰·兰戈（John W. Lango）在《怀特海的存有学》（*Whitehead's Ontology*）一书中说：“亚里士多德的形上学以实体（Substance）为基础，故产生属性逻辑。怀特海则认为历程（Process）才是根本的，而实体则由推理而来。怀氏强调实际事物的关系，故运用关系的逻辑，其最基本的形上概念即是普遍关系之概念。”参见 John W. Lango, *Whitehead's Ontology*, State University of New York, New York, 1972, p. 11.

现象，“复通为一”是生命发展之基本法则，循此动态之生命法则，生命发展并无静止之终点，所谓“一”不是一固定的标准，而是居中策应，动而不动，不动而动的生命中心——庄子的道。

庄子生命发展的进程由外趋内，由下趋上，由杂趋纯，由多趋一，由人趋我，再由我趋无我，无我一无我，无有一无有，终由物趋德，由德趋道，进入无为无己，无始无名的纯素的生命自身。他的修养方法亦循此生命发展路径，从生命之物质层次直向生命之精神层次，“有生必先无离形，形不离而生亡者有之矣”（《达生》）。生而具形，然形往往害生，“生亡”乃形不离的结果。如何能离形而终不离形，即在于以生命之德去除妨碍生命发展的种种因素。“壹其性，养其气，合其德，以通乎物之所造。”（《达生》）壹性养气，乃生命发展之正确方向，性为生命发展之基，而气为生命发展之力，合德通物，则为生命高度发展的境界。生命之德来自道，亦即生命发展之所得，以德养生全生，即以生命发展生命，以至于“形全精复，与天为一”（《达生》），生命之一体性终可在生命发展的无限历程中逐渐完成，因生命之德足以转物化形，使众物众形终归一德。如此看来，生命的发展贯通形下与形上两个世界；庄子的生命之成为一个世界，在于生命之壹性、养气、合德、通物，全在道的一体性中，而始终保守气的一体性。

罗光倡“儒家的发展哲学”，认为生命的发展有两个进程：

一、发展人性，二、人性的发展。[①]由发展人性至于人性的发展，此一理路亦可用来解说庄子的生命发展。不过，庄子的生命发展与其自然宇宙息息相关，这是儒家较不重视的。庄子生命的发展须与自然宇宙的发展保持同一律动，这是吾人生命发展的外缘条件，而其内在条件则为吾人意识的自我升华，这和德日进的看法有相近之处[②]。须不断超越自我之思想、意识及精神状态，吾人生命才能向更高的境界发展。生命之发展即生命之超越，而生命之超越首在思想、意识及精神之超越，生命最究竟的上扬在此，庄子所以大作心之工夫，其理由亦在此。可以说，庄子的修养论即其生命发展论，其种种之修养工夫，无不以吾人意识之自我升华为宗旨。对庄子而言，宇宙发展、生命发展及人格发展，三者其实同一进路、同一归趣。庄子的归真——归生命之真，实即生命之发展[③]，而生命发展为一辩证历程——内外、上下、纯杂、一多、人我、有我无我、有与无、道与德等，皆在生命的辩证历程中，皆是生命辩证的实际课题，皆足以助成生命的大回归与大统合。

---

① 参见罗光《中国哲学的展望》，台湾学生书局，1977年初版，第127—149页。

② 德日进（Teilhard de Chardin）对生命的原动力及人类意识的起源有十分重要的研究，他说："生命是意识的升华，我们承认这一点。如果生命还进步的话，那只能够是因为在各处，内在的能力在万花开放的地球的掩护下，机密地升起。"见德日进《人之现象》（*Le Phénomēne humain*），李贵良译，台湾正中书局，1970年二版，第208页。

③ 参见吴怡《逍遥的庄子》第57页："庄子的归真，一方面是回归真我，一方面是生命的上扬。"台湾东大图书公司，1986年再版。

四、生命平等自由论

庄子的生命有两大精神特色：其一为自由，其二为平等。逍遥游游出自由，因自由而游物；齐物论论定平等，因平等而齐物。自由以平等为基础，平等又以自由为前导，两者是一不是二，同以道体为本，以道用为用。自由与平等乃是吾人生命两项最珍贵的精神资产，皆源自道；舍之，则吾人生命之自然、有机、自主、独立等特性将逐渐被侵蚀，吾人生命将无能发展。

庄子的自由约有如下六项要义：

1. 自由冲破一切限制，是生命精神之解放，亦即生命韵律之跳脱自我之限制。自由并不必与一切有限之物为敌，在有限的生命范畴内，仍有其一定之自由，而此一定之自由包含了实现无限自由、绝对自由的可能性，自由的无限性与绝对性为一切生命之自由活动之最后预设。可以说，自由是破而不破、不立而立的创造活动。

2. 不仅人拥有了自由，而且自由拥有了人。人在道中，故人之生命沉浸于自由之精神中。

3. 自由以道为精神泉源。道是生命创造之原理，生命因自由而创造，亦因不断创造而不断体现自由，人与道合，乃自由最高之体现。

4. 自由浑同物我，取消一切之对立，并以无始无终的、无限的时间观化除无数瞬间的杂多性，以使生命进入绝对永恒的境界。

5.自由体现生命美善之价值，自由为生命实现价值理想的活动。不自由，则价值理想与生命丰富的存有性将无法契合，而生命之存有内涵将无法获致充实圆满的境地。

6.庄子不仅重视抉择的自由，更重视体验的自由。庄子是以心灵体验的自由来保障言行抉择的自由。

至于庄子的平等精神则内容繁富而具有多种层次多种向度，其最根本的立足点是庄子的道，道的内涵无限深广，故庄子的平等包容了无数的差异，一中有多，多中有一，平等是同异并容、一多互融，而不是把一切生命之差异压缩为平面或把变化多端的生命广袤积聚成一点的平等。平等作为生命之原理，极有助于吾人摆脱思想的困境。物之齐是平等的客观基础，而物论之齐，则为平等的主观基础，主客合一，平等之精神自然显现。我们可以界定“庄周式的自由”为一不争自由的自由，“庄周式的平等”为一不求平等的平等，经由这两项原理的交互运用，吾人生命之种种问题自可迎刃而解。

五、生命的有限与无限

面对客体世界，庄子极尽描绘之能事，乃因此发现有生之物在时间中的有限性：“吾生也有涯”（《养生主》），“夏虫不可以语于冰者，笃于时也”（《秋水》）。受时间的限制，是所有有生之物所以有生的主要条件。庄子同时发现空间对有生之物的种种限制：“井蛙不可以语于海者，拘于虚也。”（《秋水》）“吾在天地之间，犹小石、小木之在大山也。”（《秋水》）吾人生命“受气于阴阳”（《秋水》），阴阳之能在天地间形成生命之各种结构，有形之生命实乃时空中无数条件之组合。

诸多有生之物皆在时空的有限性中力图生存，并试图转有限为无限，这在精神生命中已成为一种理想的特质。再大的空间再长的时间也是有限的，无限其实已超乎数量，而须由生命之精神大能予以体现。就物之有限性而言，物物自有同等之地位，这是平等的起点之一，而就道之无限性而言，一切之有限性并无究竟实存之意义。如此，参透道的无限性，可逐渐达到物物一如的境界，物物之关系终不再为有限性所左右。一切的对立皆来自有限性，无限与有限之间并无相互倚恃的对立性，无限包涵有限，无限化解有限，有限之物因对应于“无限”而可彻底了然其性分，所谓“性分”是指有限之物之种种生存条件。故观照“无限”的修养工夫，便是为了使人不至于为自身之有限性所困。庄子在认识过程中的种种否定皆因有限性而起，在知道、行道的历程中，各种思虑及各种语言皆具有限性，须一一化除之，人生的吊诡在此，生命超脱解放的契机亦在此。如何经由对有限世界的否定，以迈向无限的道，以作永无止息的生命超越，是吾人生存的基本课题，吾人“生活世界”的总相与意义即在此。

对立造成有限性，绝对展现无限性。吾人有限的心名“成心”，如何由成心转为道心，即如何“转识成智”，透过生命之有限性以达到解除一切生命桎梏的无限之境——无何有之乡，乃庄子最强烈的存在体验。因此，对于吾人之生存于有限世界，并不必有过度的悲怜，此一有限之世界（包括吾人有限之身心）其实为吾人修道之场，所谓“借假修真”，即以有限作为跃向无限的跳板，生命因有“有限性”而有其发挥生命力的各种机会，有限性使“无限”成为吾心最主要的可欲对象。庄子之所以入世不溺世，出世不厌世，因他已了解有限与无限之间存在着无数足以转化成生命内涵的精神元素。故生命之由有限到无限的超升历程，即是一生命不断精神化的历程，神人之所以“物莫之伤”（《逍遥游》），所以不肯“以物为事”（《逍遥游》），因其已逐渐脱离生命之物质范畴，故庄子以神名人，而神人仍是人，仍“旁礴万物以为一，世蕲乎乱”（《逍遥游》），因精神不弃物质，无限不坏有限，得道成德，出世足以治世化世。由此可见，庄子成就高度之精神生命，能否统合无限与有限乃其成败之关键。

六、生命的有待与无待

这是《逍遥游》的基本课题。支道林注《逍遥游》云：“物物而不物于物。”[①]为无待的境界作了最佳的诠释。无待是

① 见郭庆藩辑《庄子集释》，台湾河洛图书出版社，1974年影印一版，第1页。

自由的先决条件，亦生命共同之企望，唯从有待向无待，生命之自主性才能逐渐实现。然森罗万象中，物物有所待，处处有所待，时时有所待，而最严重的“有待”是“自以为是”“自恃己能”的自傲与我慢。如何放舍对生命之自我系缚，成为庄子修养论的主要课题。在此，庄子运用清明之理性，以整理物物之关系，使物物在相待的关系中认清自身之位置，而当关系因相待而相结合，终成一无穷的生命网络之际，物物皆将因置身于此一无穷网络中，而获致“无所待”的生命意义，此时物物之一已具物物之多，物物相融，即无待之写照。物物彼此相待虽造成物物彼此相对之限度，但也由于物物彼此相待，使“有所待”得以借此一相互之关系（即关系之相互性）返照自身，而在关系的无穷系统中打开属于自我生命之道路，以逐渐走出相待之境，迈向无待之境，无待一无待，而终于实现生命真实之独立，生命之独立性须以无待之境为实存之基础，然无待之境其实已无境可言，而依于道，入于道，其实已无所依、无所入，庄子由此体现生命真相并展现生命气象。

《田子方》云：“日出东方而入于西极，万物莫不比方，有目有趾者，待是而后成功，是出则存，是入则亡。万物亦然，有待也而死，有待也而生。”生死是自然之命定，此一命定只有在“有待”的相对关系中有其相对之意义，而不可予以绝对化，更不可将其变造成对生命的一种宰制。生死相待，因相待而有生有死，有死有生，这是有生之物所有“有待”之关系的总结现象，因它是有待的，所以“死”并无究极性，与死对待的“生”也无究极性。庄子追求的真生命超乎有待之生、有待之死，就道而言，是无所谓“生”，无所谓“死”的；通过生死，不生而生，生而不生；不死而死，死而不死。如此经由生命之循环，迈向不死不生的道境，是为生命之真无待、真独立。“假于异物，托于同体；忘其肝胆，遗其耳目；反覆终始，不知端倪；芒然彷徨乎尘垢之外，逍遥乎无为之业。”（《大宗师》）面对“有待”，吾人应忘之遗之，即超越之，至于“彷徨乎尘垢之外”，则已超乎有待，逍遥因无待而逍遥，无为因无待而无为，庄子生命的解放乃是对“有待”的解放，庄子生命的超升乃在向“无待”作无尽的超升。

七、生命的变与不变

生命因变化而有死有生，也因变化而有始有终；反之，“有死有生”是生命最大的变化，“有始有终”使变化继续不断。从“生命就是变易”的观点看来，我们不能不正视生命的变化现象。[1]庄子不仅不逃避生命变化的问题，且勇敢地面对它，冷静地处理它，并追究出变化的根由，面对妻子之死，庄子在慨然之余，作了理性的彻底的考察：“察其始而本无

---

① 罗光强调整个宇宙在变易之中，变易使万物化生，而万有内在之动与本体有关，乃是生命之动，因此提出“生命就是变易”的看法。参见罗光《生命哲学》，台湾学生书局，1988年修订再版，第38—112页。

生，非徒无生也而本无形，非徒无形也而本无气。杂乎芒芴之间，变而有气，气变而有形，形变而有生，今又变而之死，是相与为春秋冬夏四时行也。”（《至乐》）如此由变追溯至不变，再由不变以至于死之大变，其间有分明的变化阶段：一、无生无形，二、变而有气，三、变而有形，四、变而有生，五、变而之死。如此变化，乃是循环往复的，而变化之主要元素为“气”。了解了变与不变的一贯之理，即了解了“命”；不了解变化之所由起，死亡之所由来，即“不通乎命”（《至乐》）。可以说，庄子以变化形成命运，故人之生死大变与自然宇宙之变化是同一轨则的。而且，变化无所不在、无时不在，“无动而不变，无时而不移”（《秋水》）则简明地道出生命之动乃变化之动，在时空之中，物物无所不变，生命无时不变。

就道而言，有生之物的变化与无生之物的变化是同性质的。庄子注重的是变化运转的轨道，及变与不变之间周而复始的循环性。变化之象起自不变之道，变与不变之间，似已超出吾人认知的范围，故庄子云：“万物皆化。芒乎芴乎，而无从出乎！芴乎芒乎，而无有象乎！”（《至乐》）变化的奥妙即是道的奥妙，变化至极，一切复归于无物，乃是“无状之状，无物之象”（《老子》第十四章），唯知“道”者能知变化之理、变化之道及变化之因。在不知“道”的情况下，吾人只能知变化之象、变化之迹及变化之果。可以说，一切之变化不离不变之道；而无变化之内涵，道之所以不变的真义将无由透显。

不过，庄子意谓的生命的变化不是生命关系的灭裂，而是生命关系的衍生；不是生命关系的纠缠，而是生命关系的扩展。灭裂、纠缠是表象；衍生、扩展是实相。主导变化的生命的有机性，即在表象与实相之间有出有入，甚而出入无碍。生命是在变化之中，展现变而不变的实相。庄子的道乃透过在万物之中所发生的种种变化，而示现其一贯性。就万物与道的关系而言，万物的变化有其同质性，同质性的变化可以互通交易，而不必迁就各自互异之内涵，故庄子乃敢大胆断言："万物皆出于机，皆入于机。"（《至乐》）又云："万物皆种也，以不同形相禅，始卒若环，莫得其伦，是谓天均。"（《寓言》）成玄英疏解"机"云："机者发动，所谓造化也。"[①]万物之变化来自天地的造化，天地的造化由道而行，此一变化的历程是循环的。从表面或局部看来，万物的变化有始有终，有一定的持续时间及影响范围，然就万物的实质或全面而言，其变化则无始无终，至少吾人不知其始，不知其终；且交互作用，彼此影响，其深广的程度已非吾人所能测度。如此之变化维持了天地的有机性、和谐性及一体性。

知识的有限性及相对性亦与变化息息相关。一方面，作为认知对象的外在事物不断在变化，此一变化是自然现象的变化，天运地转，物物新陈代谢，终而复始、始而又终，因此我们往往只看到局部的变化、表面的变化，而无法彻见变化之根

① 见郭庆藩辑《庄子集释》，台湾河洛图书出版社，1974年影印一版，第629页。

本与总相，如此便构成吾人认知的障碍。另一方面，我们的认知心也不断在变化迁流之中，所谓“日夜相代乎前，而莫知其所萌”（《齐物论》），不仅指物物迁变的外在世界，同时也指念念流转的内心世界。心念既已不定，情欲便如薪火交加，如此，该如何保住理性主体于不乱，以进行清明的认知活动，实是一艰难课题。

庄子从本体论谈变化，从宇宙论谈变化，也从认识论谈变化，而三者统归于道。道自身不变，可变的是气。气通贯有生与无生，无生之气是物能，有生之气是生命的精神。故吾人所最需坚持的是生命精神的大变化，此一大变化是在生命流变的现象中坚守不变的生命原则，在不变的生命大道中力图生命之真实变革以保生命之恒新。变中的不变指向道体及道的本质意义，不变中的变则涵盖道用的全部范畴及生命的全部内涵，前者突显绝对之有，后者突显相对之有，庄子试图将两者合而为一，以兼顾道之体用，以包含变与不变的全体。

八、生命的对立与和谐

生命的对立源自生命的有限性，而对立的有限性由造化生命的两股力量——阴与阳所构成。庄子在《内篇》中少谈阴阳，但在《外篇》《杂篇》中则屡见不鲜：

阴阳者，气之大者也。（《则阳》）

至阴肃肃，至阳赫赫；肃肃出乎天，赫赫发乎地；两者交通成和而物生焉。（《田子方》）

一清一浊，阴阳调和。（《天运》）

知天乐者，其生也天行，其死也物化。静而与阴同德，动而与阳同波。（《天道》）

这可能是由于《外篇》《杂篇》写作的年代盛行阴阳之说的缘故，亦可见庄子哲学与大易哲学之间有着十分深远而微妙的关系。阴阳之说，可用来说明生命体的现实性结构，生命体的诸多对立之状态，其根本原因即在阴阳之对立与调和的不断运作。阴阳不只是物质性的力量，也是形成吾人心理状态的基本成素。阴阳不调，亦可能导致心神之病。庄子谓："事若成，则必有阴阳之患。"（《人间世》）阴阳之患指的是生理之疾，庄子又云："近死之心，莫使复阳也。"（《齐物论》）此"阳"则指精神生命之生机，可见阴阳对吾人生理及心理皆可发挥其调整之作用，亦可见吾人整个生命体乃处在阴阳大能之中。李震在《中外形上学比较研究》一书中提出他对阴阳的看法："阴阳的相感相应，彼此正反的激荡，是根本律则，其所涉及的范围包括自然、生理、心理和人事种种现象。"[①]就庄子哲学而言，阴阳的意义主要在于对宇宙自然现象的诠释，宇宙自然

---

① 李震：《中外形上学比较研究》（上册），台湾"中央文物供应社"，1982年版，第48页。

的变化就在阴阳对立的势力范围内。

阴阳的相感相应，最后终归于和谐。“天地虽大，其化均也。”（《天地》）“阴阳四时，运行各得其序。”（《知北游》）“化均”是指自然世界的和谐，此和谐之状态建立在“运行各得其序”的自然秩序上。在人文世界中，亦以和谐为吾人精神生命最高之目标。庄子的认识论归旨于齐同异、泯是非，两行而无碍，恰似天地阴阳两极，虽对立而相反相成。至于庄子的道德修养，其最高境界在人与天合，与万物为一，所谓“万物一府，死生同状”（《天地》）。而道德与天地可以相通，“通于天地者，德也”（《天地》）。“德兼于道，道兼于天。”（《天地》）通于天地，即以自然之和谐精神为其道德之精神，“天”为大和谐之全体，其中，自然与人文之间并无任何阻隔。《则阳》云：“万物殊理，道不私。”道一理殊，道同理异，道包含万物之殊理，即以和谐之精神包容一切，这是体用合一的和谐、物我无殊的和谐、生命历程自始至终一贯以成的和谐。如此的和谐可称之为“动态的和谐”，注重的是正反相成、是非两行等创造和谐的过程，而不特别突显静定的终点与固定的结果。庄子同等重视理一与分殊，亟求事理无碍，以保持生命的一体性，以发扬生命的创造性。可以说，创造唯在和谐中能进行，唯经由创造，和谐才能继续维持下去。

《天道》云：“夫明白于天地之德者，此之谓大本大宗，与天和者也；所以均调天下，与人和者也。与人和者，谓之人乐；与天和者，谓之天乐。”天地之德是终由对立的和谐所造就的，其中有不可乱的秩序及不可破坏的种种关系，天地之大美即在其中，故和谐乃人生美感之泉源。

以有机之关系化解物物之对立，使一切之关系成为两两对立之关系，两两对立、平等对待，如此交感相应，和谐自然而生。

九、生命的差异与统一

庄子屡次谈到万物的统一："天地一指也，万物一马也"（《齐物论》），"万物虽多，其治一也"（《天地》），"故万物一也，是其所美者为神奇，其所恶者为臭腐；臭腐复化为神奇，神奇复化为臭腐。故曰：'通天下一气耳。'圣人故贵一"（《知北游》）。如此重视"一"的精神，和老子"天得一以清，地得一以宁，神得一以灵，谷得一以盈，万物得一以生，侯王得一以为天下贞"（《老子》第三十九章）有同样的哲理意涵。老子认为"一"为道所生，《老子》第四十二章云："道生一，一生二，二生三，三生万物。"王弼注云："万物万形，其归一也。何由致一？由于无也，由无乃一，一可谓无。"[①]道之为有，其实已不一，而入于多的状态，而道之为无，尚处不生之境，"无"使道成为"一"，故"道生一"之生其实不生，

① 见《老子》（四部备要本），台湾中华书局，1980年台九版，第52页。

乃不生之生，生亦不生，此生和“一生二”之生是有所分别的。“一”显示道之为第一原理，道统天地为一、万物为一；因道为一，故道能遍在万物，使万物之多终归于一，而道依然为一。庄子贵一，以一治多，以一治万物，以一治天下，乃其道论的终极意义。

生命的统一来自道，就道体而言，道是一不是二，甚至连“一”都不可说。故就生命自身而言，生命是一，无数生命乃无数之一，而合无数之一，其实仍为一。“道通为一”（《齐物论》），不仅是认识论的基本法则，也是生命统一的基本原理。万物因道而相通，因道而合一，生命之精神与力量便于“一”中淋漓而出，挥洒自如，如此即可进于与道冥合的境界，本体之一与末用之多，即理之一与事之多，原本是一不是二，“通于一而万事毕，无心得而鬼神服”（《天地》），因一而通，因通而毕万事为一，亦因一而无心，心入于道，故心为“无”所化，精神的变化意义在此。因此，庄子“天地与我并生，而万物与我为一”并不只是一般性的存在感受，而是生命真实而究竟的至高成就。生命的差异如前述，来自生命的有限性，而生命的变化使得生命的差异性、殊多性无可计量。差异形成物量物数，《则阳》云：“今计物之数，不止于万。”面对此一客观事实所造成的认知上的难题，庄子以生命的统一观予以化解，他以生命之同统生命之异，而同不害异、异不害同，同异形成一无穷的生命系统，故知识之是非亦各自形成一无穷的系统。若强求知识之同（同是同非），则必造成主观专断的错误，而无视于生命存在之真实状态，“自其异者视之，肝胆楚越也；自其同者视之，万物皆一也”。如此任万物同，任万物异，终于万物毕同万物毕异，毕同是一，毕异是无数之一，而就各自为一的基点而言，无数之一皆在道之为一的原理中，并不碍道之为一及无数之一之为无数之一。庄子因而解除了同异可能肇致的知识困境与生命危机。道之为同，物之为异，亦可经由言默互动的关系予以调和：“言而足，则终日言而尽道；言而不足，则终日言而尽物。道物之极，言默不足以载；非言非默，议有所极。”（《则阳》）尽道即尽同，尽同则言同；尽物即尽异，尽异则言异。言之有异有同，终为“非言非默”的最高境界所完全消融，“道物之极”使物之同异全入于道，言默互动终至于默而不言，虽言亦默，如此与物同理，与道同趣，是为生命之大同。

《庚桑楚》云：“天门者，无有也，万物出乎无有。”此“天门”等于老子之“众妙之门”（《老子》第一章），万物同出无有，此同为万物根本之同。众妙指万物互殊之有，万物之有因互殊而妙，王弼注“众妙之门”云：“众妙皆从同而出，故曰众妙之门也。”[①]万物之异从同而出，即道之大同成就万物之小异，道化生万物的奥理由此同异之关系可见端倪。道之为一使各生命体皆为一，小生命是小一，大生命是大一，大生命体从小生命发展而来。小一不妨大一，大一不坏小一，生命的

① 见《老子》（四部备要本），台湾中华书局，1980年台九版，第2页。

统一性是可经由大一与小一的精神往来，得以在各生命体中逐步地具体实现。

《逍遥游》说神人之德，将“旁礴万物以为一，世蕲乎乱”，神人之生命已与道合，故能体化合变，以无心应世，而成其大德，大德即其旁礴万物包罗万象的生命精神，此生命精神使万物形成一大生命之统一场。庄子以统一包容差异，统一之精神使差异性并行共存，生命之范畴因此扩大，生命之境界因此提升，而生命之精神终成为“精神之精神”，在此精神上扬历程中的生命乃是“生命之生命”，得道在得此精神之生命，在体现此生命之精神，吾身不过是“天地之委形”（《知北游》），吾人以此大生命，足以“体尽无穷，而游无朕。尽其所受乎天，而无见得，亦虚而已”（《应帝王》）。化异为同，化实为虚，化物质为精神，吾人之生命乃由小向大，而入于无穷之领域，而回归自然之境地。这是庄子生命形上学的终极目标，其重视差异、思考差异、包容差异的作风，更是一值得吾人深思的精神特色。[①]

① 海德格尔（Heidegger）认为西方形上思想依托于差异，而差异本身却未尝被思考，此一困难在于语言。庄子的形上思想则未尝出现此一困难，其独特之语言所助成之思考方式确实使其形上学不至于被语言所限，这在《齐物论》及《秋水》里有淋漓尽致的具体表现。有关海德格尔的主张参见海氏所著《同一与差异》（*Identität und Differenz*），沈清松在其《现代哲学论衡》一书的第九章《海德格的存有哲学》（第231—256页）有简要的评介。

十、生命的整体性、相连性与一致性

庄子生命哲学的形上意义，可以生命的整体性、相连性及一致性作总结。生命的整体性包括生命变化的互通性、生命关系的相连性及生命本元的一致性。生命本元为道之一、气之一，故相连性与一致性皆来自生命之整体性，生命之整体性又来自道的独立性及遍在性。道之独立性使万物皆具相当程度的独立性，亦即相当程度的完整性，此为小一；而道之遍在性使万物集合成一整体，此为大一。天地乃万物的集合体，亦即道所活动的存在范畴，故天地的完整性十分显著，万物之完整性即由分享天地之完整性而来，“以天地为大炉，以造化为大冶”（《大宗师》），人与万物皆在天地造化之中，无能自行脱逸而出，或自行割裂与其他生命体之关系。

罗光认为儒家的精神意义有三：一、生命的相连，二、生命的调协，三、生命的互助。[①]在庄子生命哲学中，这三项精神意义往往结合为一，以成其生命精神之一体性、完整性；若析解之，则以前二项的意义较著。各生命体既已相连而彼此调协，是不必再着意于互助互惠，如鱼相忘江湖，各生命体在大生命的完整性中有其足以独立自在的完整性，彼此互不干扰、互不妨碍，自然而生、自然而死，故“性不可易，命不可变，

---

① 参见罗光《儒家生命哲学的形上和精神意义》，台湾辅仁大学出版社，1980年初版，第5—9页。

时不可止，道不可壅。苟得于道，无自而不可；失焉者，无自而可”（《天运》）。各自得道，各自成性，各自安命，以顺时应变，这未尝不是另一种型态的互助，更可说是一种较有效较完全的互助。

在浑然为一的实相中，生命自可达到《大宗师》“彼方且与造物者为人，而游乎天地之一气”的精神境界。至此，生命的有机性自然流露，臭腐化为神奇，神奇复化为臭腐。如此生命的发展自能在平等的基础上，自由运动其生命力量，以化有限为无限，以转有待为无待，此即生命的变化在不变的道中，化生命的对立成和谐，化生命的差异成统一。如此生命因和谐而相连，因统一而成一大生命体，其中各生命体乃得以具现其得自道的一致性，各种生命历程于是殊途而同归，同归于道。道是生命发展最高的法则，道是庄子生命哲学最高的形上原理。

以上所论，为庄子生命之特质，它们本是一体相关的，彼此之间相互融贯，而合成庄子生命之全部内涵。为了论述的方便，暂且将它们横列开来，其实在庄子磅礴的生命精神中，它们互出互入，循环往复，展现了庄子生命的高度的形上意义。在此，尚有几个重点，必须加以说明：

1.庄子的生命发生说大体沿袭老子“道生一，一生二，二生三，三生万物”（《老子》第四十二章）及“天下万物生于有，有生于无”（《老子》第四十章）的“道生之论”。然而，为了更清楚地解说个别生命体之形成因，庄子十分重视“气”在万物的作用，这是万物直接的生成之因，“万物负阴而抱阳，冲气以为和”（《老子》第四十二章)。庄子虽不多论阴阳，但对“冲气以为和”的和合而生之道，则始终坚持。庄子重视生命之形成甚于生命之起源，生命之形成全在生命之变化，而生命之变化由气之和合而来。所谓“杂乎芒芴之间，变而有气，气变而有形”（《至乐》），是因气而变化，也是因变化而有气。故生命之“养其气”（《达生》）乃旨在顺合生命变化之道，性德之合一，即源于此，故可说：生命之特质全由气变化而生；生命特质之融贯、统合，亦由气之变化而成。庄子综合“道生之论”与“气化之说”，以建立其生命历程观，乃其思想之一大特色。

庄子的气，可析分为二种：第一种是“通天下一气”之气，这是气之为一者。道之为一由此气之为一作具体之呈显，物物之合，生命之本体之合，皆因此“一气”而合。第二种是阴阳之气，所谓“天气”“地气”“六气”皆是阴阳之气，这是物物存在的基本元素，物物因分而合，因变化而互通，皆由于此气之为二者，气之为二乃万物之对立性之根源。生命的不变性由第一种气显现，而生命的变化则由第二种气发动。一而二，二而一；气之为一不妨气之为二，气之为二亦不妨气之为一。故生命的有限与无限、有待与无待、变与不变、对立与和谐、差异与统一，皆可经由气之化生与流行，或一时合成之，或逐渐消解之。

2.生命之诸多特质以自然自主、机体主义及生命发展等三项为最根本。而生命平等、自由之精神，即以此三项生命特质为基础。这三项生命特质之间具有密切的相关性，机体主义的形上意涵建立于自然自主之生命之上，生命之发展乃有机之发展；生命所以能自然而自主，因生命之有机性一直在气的大通的作用中，故生命之发展即生命自然之发展，生命发展之目的在实现生命自主的理想。

3.生命的特质与生命循环往复之道息息相关。因生命之道循环往复，故生命的特质不仅不妨生命一体之总相，且足以助成各生命体之自我实现。各生命特质所以能共同体现生命之意义，亦是因为循环往复之道开展了生命的旁通与生命的统贯，旁通而统贯，特质乃相融，意义乃相生，生命乃相成。

4.所谓“实存”是指存有的真实内涵。道与气皆有其实存，于是生命乃有其实存。生命的特质须以生之实存为成立之本原。若一味强调道为生命之原理，甚至在生命之外谈原理，则无生命内涵之理，已离生生之德，它和庄子道气同源的生命一元论，并无多少相涉。

5.所谓“心之机体主义”，乃是为了指明精神为一大机体，而心之虚灵旨在成全生命之一体性，故心为精神机体与生命机体之中心。

第七章

生命的道论与宇宙论

诠定了庄子生命的特质之后，当进一步解说庄子生命特质的形上基础——道，而庄子的道与宇宙是一体的，他以此一体性建立了生命的一体性。

庄子的道是宇宙生成的普遍原理，也是宇宙存在的基本范畴。道统合宇宙之一切，乃统一宇宙全体之统一原理。也可以说，道是所有生命体系之体系，所有生命原则之原则。庄子是透过生命哲学，不断地体验道的意义，并以道的意义建立其生命哲学，故他肯定人能知道、明道、入于道。道的意义和生命的意义可以合而为一，因为道是使生命与宇宙化合统合的唯一原理；无论就事相或理性看来，一切生命皆在道中开展、完成，而逐渐上达于生命与道合一的绝对的境界。道之为形上实体，并不妨道之为生命之生成原理。就道之为形上实体，生命之“绝对”有其形上之真实性；而就道之为生成原理，生命须在宇宙的范畴内，不断进行其体现形上之真实性的发展历程。道是以这两个形上理则，使生命与道合一，故生命之与道合一乃在形上与形下之间，而达成超越性的统合。“泰初有无，无有无名；一之所起，有一而未形。”（《天地》）道之为一起于道之为无，这是宇宙万物的创生，“一”显示道作为创生原理的统一性与独立性。庄子接着又说：“物得以生，谓之德；未形者有分，且然无间，谓之命；留动而生物，物成生理，谓之形；形体保神，各有仪则，谓之性。性脩反德，德至同于初。”（《天地》）物得道而生，有生而有分，“分”是指生命真实之内涵，而生命之内涵有其流通性、一贯性及持续性，这就是“命”。生而有命，命使生之道、生之力能作具体的展现与发挥。如此，便有物理、物形、物性，而这些都在生命的原则中，皆有生命之精神与之同在。最后，一切之生命终又回到生命的起点，即回返天地未生未形的道的境界。经德返道，皆在生命的发展历程中。故生命的发展历程即道的历程，可见生命与道的合一，乃历程的合一，而非本体意义的合一；是在动中合一，在存在的状态中合一，并不是以静定的本质作某一方向或某一层面的契合。故在显示道的超越性的同时，对于在形上与形下之间进行的生命的统合与完成，仍须以趋向合一的历程观看待之，生命之本性亦须经由生命之历程以显发其真实之意义。庄子人性论与道论的关系，即在此历程观中。

道的第一义是道的独立性，即自本自根性。“自本自根，未有天地，自古以固存。”（《大宗师》）道以自身为基础，以自身为根源，道乃成为一切事物之存在根源。道的独立性，即来自道之为无限实体。庄子是透过道之独立性来证明道为无限之实体。在此，“实体”之意义乃旨在显示道之先在性、超越性及独立性，并以透露道之无限存有之内涵。《知北游》云：“有先天地生者物邪？物物者非物。物出不得先物也，犹其有物也。犹其有物也，无已。”道不是物，而是“物物者”——使物成为物者。此处除了说明道先在于物的独立性外，也显示了道创生万物的创生性，而道自身的无限性使道之创生成为无限之创生，无限之创生使道所创生之物有独立于道之无限性中之可能。道与物之间，并无物与物间之“分际”，由此可见道统合万物之统合性，此统合性在道亦在物，故统合性同时具有遍在性，道之所以能内在于万物，与其统合性有直接之关系。

由道之独立性、先在性、统合性，便可见道之不变性，庄子谓之“常”，此“常”袭自老子。“复命曰常”（《老子》第十六章），性命之常即是道，道为性命不变之理，此不变之理即道之为一，亦即道之为常。

以道德为主，以无为为常。（《天道》）

莫之为而常自然。（《缮性》）

建之以常无有。（《天下》）

“常”显示道为自然变化之理，物因自然而变化，以无为而有为，“自然”与“无为”皆是“常”，皆显示道的不变性，而道的不变性以“无有”为体，因“无有”而常，因“有”而有所不常，常与不常皆在道的历程中，在以道为原理的生命历程中，变终归于不变，而不变性使变化永不离道。道以“常”之不变性，显示道不因其遍在于宇宙生命中而丧失其独立性与先在性，故万物之自化，变而不变，趋多复归，皆因有道之为“大一”。可以说，超绝、独立之道为庄子统合其道论与宇宙论之基本原理。

道论与宇宙论的统合是庄子形上学的一大特色。庄子的宇宙是由道生成，有道遍在的宇宙，而庄子的道，其主要意义即在生成宇宙，并使宇宙之发展依循道，而终回归道。我们可以作如此之泛论：庄子建立其形上学，以道为基础，以道为内涵，以道为主体，以道为中枢，以道为终极。而道之作为一切存在、一切生命之形上基础、形上内涵、形上主体、形上中枢及形上之终极，则各展现其不同之意义型态。可以说，道贯注于所有的存在与价值之阶层，而使各存在阶层形成一存在系统，各价值阶层形成一价值系统，这两个系统又合成一大系统，即生命之大系统。庄子是以生命系统接合形上世界与形下世界，而由道所生发的意义系统作支柱；并透过生命意义的鉴察，对整个存在世界进行了解、体验与整合。

在此，我们可以从四方面来考察道与宇宙的统合，为庄子的道论与宇宙论寻求全面契合的可能，并以建立庄子生命哲学的形上基础。

一、道的实存性与自然的宇宙

有无之辨，不仅涉及庄子的认知论，也是庄子的本体论与宇宙论的基本课题。庄子显然是以“无无”取消有无之间的对立义。《知北游》云：“予能有无矣，而未能无无也，及为无有矣，何从至此哉！”庄子以“无”化“有”，又以“无无”化“无”（“无有”），罗光认为“无无”是认识方面的“无无”，而不在本体论[①]。不过，“无无”足以透显道之为“绝对之有”的意义。而《天地》云：“泰初有无，无有无名。”亦可改读为：“泰初有无无，有无名。”无其所无，则“无”亦无可名。这是结合庄子超越的认识论与超越的本体论所获致的“超越的概念”，已非一般之概念。

“有无”之“有”如何是一种“有”？“有无无”之“有”又如何能超越“无有无名”之“无”？在此，吾人必须肯定：“无”及“无无”（其实，此“无”可不断地推上去，但这不是概念的繁衍，而是思想的超越）皆指向超越的本体。以本体的超越性开出一条思想的超越之路，吾人才能从有至无，从无再至无无，而作无穷尽的生命超越；如此，本体的超越、思想的超越与生命的超越，三者同时进行，且同一进路。

《庚桑楚》云：“天门者，无有也，万物出乎无有。”又云：“而无有一无有，圣人藏乎是。”万物之有出乎无有，而无有无可有，因其“无可有”而“无可不有”，这除了说明道之为“无有”的创生义外，也显示道之以潜能之状态含藏万有的特性。故道不是空无之“无”，不是虚境之“虚”，道富有创造性的生之意义，此创生义来自道的超越的实存性：“夫道，有情有信，无为无形；可传而不可受，可得而不可见。”（《大宗师》）因道有情有信而可传可得，“有情有信”指道的丰富的实存性，“有情”指道自身之绝对之有，“有信”则指此绝对之

① 参见罗光《中国哲学思想史·先秦篇》，台湾学生书局，1982年增订重版，第797页。

有有其超越属性，万物之有即得自此；但相对之有并非分受绝对之有，而是绝对之有经由创生的原理，创生相对之有，使相对之有得以显发“有”之真实内涵，并继续以其创生性表现道的创生性。

《天地》云：“道兼于天”，与老子“道法自然”之义相近。道的实存性使天地有其“自然之有”，天地即因“自然之有”而有其有，故可说：宇宙的实存性来自道的实存性。《庚桑楚》云：“有实而无乎处者，宇也；有长而无本剽者，宙也。”“有实有长”指宇宙时空的实存性，此实存之内涵是无限的、无始无终的，虽可落于时空之中，但其实存性则有其超越性。超乎时空的实存性使时空的实存性能为一切存在物提供存在之基础，也为一切有生之物提供存活之道，故宇宙必在道的实存性中，以成其自然自生自化的实存性。唯在自然自生自化的意义之下，我们才能说宇宙因道而有其实质之存在，生命因道而有其具体的内涵。

万物以其自然之性得道无为无私的实存性。物因莫之为而常自然，“莫之为”乃由道自为，由道创生，故能得道之全。道以其全面性、整体性运生万物，万物亦须以其全面性、整体性回应之。“游心于淡，合气于漠，顺物自然而无容私焉。”（《应帝王》）“无容私”其实“无所不容”，生命之内涵乃等于道之内涵。“真者，所以受于天也，自然不可易也，故圣人法天贵真。”（《渔父》）道的实存性是不变的，但万物则以其“受于天”的变化能力得道，得道者，得道之真实内涵，故万物因皆得道而皆真，此即物性之真，物之为物，即在此真实之物性。道真而物真，此一贯之道乃道的具体作用所依循的途径，道由此表现其绝对而无限的实存内涵。

二、道的无限性与无限的宇宙

道的独立性确立了道超乎时空的无限性。“在太极之先而不为高，在太极之下而不为深；先天地生而不为久，长于上古而不为老。”（《大宗师》）空间的无限性与时间的永恒性乃由道的无限性与永恒性作直接的具现，故宇宙之真相究与道之真相无殊。“道未始有封”（《齐物论》）是指道超越任何的相对性与有限性。就认识论而言，吾人所形成的“有限性”之概念，乃吾人成心所现。若能化成心为道心，则见无所见，知无所知，一切的有限性便在与道契合的广大心灵中完全消失。郭象注云：“夫自任者对物，而顺物者与物无对。”[①]自任对物，乃产生相对性，因相对而有限，亦因有限而相对，两者是互相纠结的。“顺物”即顺合物在无限宇宙中的自然变化，既化于无限之中，一切之对立性自然化消，故能“与物无对”，物物无对，乃同入于与物无对的道中，以“无对”解“绝对”，兼顾了道的超绝型态与超越型态。

---

① 见郭庆藩辑《庄子集释》，台湾河洛图书出版社，1974年影印一版，第24页。

《天运》云“顺之以天理”，此天理为“生天生地”（《大宗师》）之理，指的就是道。道生天生地，乃成其所以为道，道所生之天地为无限之天地，天地的无限性由天地超越形相的创造性，再经由无穷的变化表现出来。道为无限之理，亦即无限的创造性范畴，故透过道的无限的创造作用，吾人可立即将道的无限性与宇宙的无限性合而为一。

在此，吾人须有所辨明：所谓的“生”不只是一种特性。“生”若只与有限之物有关，则生命将被截头去尾，无本亦无末。庄子看待生命是本末兼顾的，对生命的有限与无限、相对与绝对，庄子以道统合之。空间的无限性并不取消生命的一体性，而反助成之；时间的无穷性并不取消生命的始终一贯性，而反助成之。生命以其精神之趋向无限时空，来确立其置身于现象的有限性中所获致的生存价值。“生者，假借也；假之而生生者，尘垢也。死生为昼夜。且吾与子观化而化及我，我又何恶焉！”（《至乐》）此即不离生命之有限性以入无限之道的生命态度。由此可见，生命之真实性乃是精神的，生命精神自有其无限性，故能以无限包涵有限，以无终始之道，任物有终始有死生，而死生不妨生命精神之恒常性。透过生命精神的恒常性，吾人可以发现：生命有其永恒之实相，有其超越之属性，而不只具有有限之物的有限性。

就无限性而言，道与宇宙之合一是无法析分的。《秋水》云：“何以知天地之足以穷至大之域？”说吾人无法认知天地是无限的，并不是否认天地有其无限性，而是认为天地之大是否即是道之“至大”，并非凭借“大小”的观念所能得知，而“至大”与“至小”之间的关系，也不是吾人拘于数量的认知所能洞悉。“至大”与“至小”皆已入于无限性中，天地之形相又如何能以无限的数量，象征无限的宇宙？这问题唯透过吾人对无限之道的密契的经验才能得到解答。庄子肯定宇宙的无限性：“夫物，量无穷，时无止，分无常，终始无故。”（《秋水》）物量、物时、物分等皆一一化入无限之中，此即“至大之域”，亦即无限之道所展现的无限的存在范畴。故物化乃无穷的变化，无穷的变化使道的无限性与宇宙的无限性一时俱现。

三、道的遍在性与变化的宇宙

东郭子问道，庄子明言道的遍在性。“周遍咸三者异名同实，其指一也。”（《知北游》）此“指一”指道在宇宙的遍在性，而遍在即内在。道遍在且内在于宇宙，似与道之超越性、独立性有违，实则不然。透过庄子动态的宇宙生成历程，吾人即可明白：道为变化原理而内在于宇宙，并不因此背离其超越性、独立性及不变性。《秋水》云：“物之生也，若骤若驰，无动而不变，无时而不移。何为乎，何不为乎？夫固将自化。”以“自化”确立变化的真实意义，突显了道的独立自主性。物能依其本分而自行变化，乃因道为其变化之最高原理。在此，吾人不可落入自然现象中，而执持现象的变化，来和不变的本体对立。道的变与不变并不导致现象与本体的对立，在道超越而内在的属性中，根本没有所谓“本体”与“现象”的分野；一切之物皆自主，一切之物皆自现，可以说，一切之物皆具本体性，一切之物皆为“道之现象”。“通天下一气”（《知北游》）之“气”与“道通为一”之“一”，乃是形上之气，乃是形上之一，皆具超越性、独立性及遍在性。庄子以此形上之一整合现象之多，以此形上之气形成天下万物，故自能完成其终归大一的自化历程。

《德充符》云：“审乎无假而不与物迁，命物之化而守其宗也。”“无假”指生命之真，生命之真超越物之变化，而主导物之变化，是所谓“命物之化”，在变化之中，显示道之不变义，故“守其宗”之“宗”即是道，乃生命之所本，亦变化之所本。因个体之物的个体性终将为遍在且内在于物的道所消融，故就道而言，物之变其实无可变者。变化的两方面：自变与共变，皆在道的全体之中，故可互通。自变而共变，共变而自变。如此，万物之秩序由道开展，道是万物秩序之源。道是物之始，道是物之终，道是物物关系的大统合。此大统合由物物同化至于物物和谐，故道能“通天地之统，序万物之性”[①]。

万物有其变化之目的，其目的总归于道，变化之目的性唯在道中可解。道乃“物之所自”，而“物之所自”无不在己，因

---

① 见郭庆藩辑《庄子集释》所辑郭象《庄子序》。

道遍在且内在于物。故道之为目的，其实不具有牵引吾人意志的目的性。道如何内在于万物，由万物自身予以呈露。道之为存有之因，其普遍性与超越性是一体并存的。道因超越而普遍，亦因其普遍性而具体突显其超越意义。故内在不妨超越，所谓“道超绝内外”，即内外一如、出入无碍之义。罗光云：“‘道在万物’，应该解释为‘气在万物’。”①他又认为：“气是人的本体，是人存在的元素，是人生命的根基。”②道是以气的型态内在于万物，故超越之道与内在之道有其可分可合的形上意义，而庄子较重视两者的合一，故以内在万物之道确立“性”与“命”的意义。物性即物之所得于道者，即所谓的“德”，而命为与大化同在同进的“气命”。命终归于性，再进于道，故庄子意欲将气命转为德命，透过精神生命之超化而知之安之化之，因此他和儒家由心而性而天，乃至于言心论性，而少谈“气命”，有所不同。③在此，他运用道的遍在性与宇宙的变化性合

① 罗光：《中国哲学思想史·先秦篇》，台湾学生书局，1982年增订版，第505页。

② 罗光：《中国哲学思想史·先秦篇》，台湾学生书局，1982年增订版，第507页。

③ 原始儒家本重心性与天命的一贯之关系，《中庸》云天命之谓性，性命乃是一体，然后来儒家似有据孟子尽心之说而侧重心性之主体义的倾向，如唐君毅所言：“故孟子谓尽心即知性知天也，尽心即尽此心之自命自令，而行之，亦即就此心自命自令之时，所视为当然者而行之，此亦即尽此天之所命于我者，而立此命于我之生命存在之内也。”（见唐君毅《生命存在与心灵境界》下册，第872—873页。）如此阐释尽心之说，是已将天之超越义下转为内在义，将“命”的客体义化为主体义，至于气命与德命的合一，则纯由此心作主，纯属吾心内事，这和庄子透过气命，以强调性命的客观基础，及透过天生之性，以发现吾心的形上意义，已有明显的分野。

而为一的可能，将物物之相互决定（“气命”即在此显露）转为互动的关系，互动由“天机之所动”（《秋水》）而来。如此，以共变助成自变，故“万物无动而不逍遥也”[①]，物的变化使物得以逍遥，体化合变的意义在此，而欲追究变化的原因则必须超出变化的现象，至于以道为唯一之因。生命机体间种别的过渡、跳跃与突变，则使吾人无法对某一生命之变化作单一原因的解释。至此，吾人当可肯定：庄子变化的宇宙本于遍在宇宙的道，而变化使万物互通，因互通而化异成同，合同为一，是所谓“自其同者视之，万物皆一也”（《德充符》）。万物之同可以是小同，也可以是大同；而小同能进于大同，大同乃因道而同，是体用皆同、本末皆同，道的遍在性乃因此完全具现于物物相关的天地中。故可见物的变化不断趋向兼体备用之存有，生命亦在存有的体用合一之中不断进行其有机之变化。

四、道为生命之实现原理与有机的宇宙

庄子以道为生命之实现原理。《大宗师》云：“杀生者不死，生生者不生。”不死不生者即是道。道超越死生而使物有死生，道不死而杀物之生，道不生而生物之生，因为道如实呈

① 见郭庆藩辑《庄子集释》所辑郭象《庄子序》，台湾河洛图书出版社，1974年影印一版，第593页。

显万物，道以物实为实，本身则处于虚灵之状态。此无为而无不为之“生”非由一物引生另一物之生，乃是道在其超越的境界中的自我呈显，亦即物在大通的意义中的自我完成。物物“始于玄冥”（《秋水》），玄冥即是道；物物“反于大通”（《秋水》），大通乃生机遍在的有机的宇宙。

道是天地万物所以生的总原理。[①]道生成万物，然此生成之功能并不限制道自身。故道生万物之生乃生其所生，生生不已；道除了“理”之内涵外，更有“生”之价值。若道有理而不生，则道将沦为与实际事物隔绝的理型。道“生天生地”，且先天地生，先天地生的先在性保证了生天生地的无限的创造性。道的生义具有“出”义，此“出”义确立了道为“天门”之义，这与老子“天下万物生于有，有生于无”（《老子》第四十章）同一义谛。

就生命自身而言，道之为实现原理，等同于“无心的创造”，无心的创造乃真实之创造。“无心”使创造具有纯粹性及恒常性，一切之物乃不失落于道之外，而永在道之中，即永在创造之中，故道之创造性并无所谓“所造”与“被造”，可称之为“自然的创造”[②]。凡有生之物皆有自我保存之本能，此一本能原是纯为生命而来，本自无心，后来所以渐变成“有

① 见冯友兰《中国哲学史》（上），第280页。

② 怀特海将“创新”（Creativity）列为究极范畴，而强调“自然的创进”。在此，笔者所以借用怀特海语，是为了显示道的纯粹的创造义，而道即是庄子存有论的究极范畴。

心”，乃因违离生命之道的缘故。实现生命的意义与价值，须经不断地创造，而创造的目的在物性之自得，在物理之自成，即在实现物物自然之道。如此创造因自然而无心，乃是第一义的创造，亦即形上意义的创造，道的创造性即生命的创造的创造性，创造即生命之实现，“自然的创造”创造自然而有机的宇宙。不创造，便将导致生命的沉沦。至于“人之生，气之聚也；聚则为生，散则为死”（《知北游》），则已落入创造的第二义，乃属形下意义的创造。第二义由第一义来，故谓道为生命之实现原理，须坚持其形上的第一义。

由无至有，道的创生永不拘执于物质原理中。纯粹的创造不须假借物质，假借物质而创造而生成，是以有生有，已落入相对的关系中，而非绝对的创造①。创造的先在性及遍在性，使天地万物生生不息，天地万物因此普遍含摄生机。鱼所以能相忘江湖，即因江湖遍布足以令其相忘的生机；生机遍在，化消了有生之物彼此之对立。德通天地，道行万物，“通于天地者，德也；行于万物者，道也”（《天地》），“通”与“顺”皆生命有机之作用。道德所完成之生命精神遍在天地之间，乃转天地为有机有生有理有趣的世界。天地万物的生机即来自通天顺地的道德力量，通天顺地为道德的实现历程。

---

① “绝对的创造”乃从无至有的创造，天主造生万物，即是一种“绝对的创造”。多玛斯云：“天主造生万物，道引万物由无入有。”又云：“天主是从无中造生万有，不是从物质或原料中造生万有。”参见多玛斯《论万物》（上），吕穆迪译述，台湾商务印书馆，1970年初版，第40页。

创造的纯粹性与无限性，则使万物玄同彼我，“德至同于初，同乃虚，虚乃大”（《天地》），物物因回归创造之本源——道，而彼此大同。“小同”同于物之为末，“大同”同于道之为初。万物之关系乃在虚灵状态中自相对趋向绝对，而成其大全，这是宇宙有机性最高度的表现，是所谓“万物一府，死生同状”。至此，物无贵贱，因皆出入于平等生机之间。成中英云：“道是一种原理，由此原理，否定可以变为肯定，潜在的可以变为实际的，空无可以变为实有，一可以变为多。正由于道的否定性和潜在性，就创造和维持了每一肯定的和实在的事物。”[①]道的否定性成就了道的肯定性，道的潜在性成就了道的实在性，皆是以“至无”成就“妙有”的实现历程，宇宙遍在而永不匮乏的生机即由此普遍的实现原理而来。《大宗师》云：“藏天下于天下。”天下所以为自足之体，乃是因为道结合了创生之理与变化之理，而使生命精神得以完全具现，生命力量乃无处不在。由此可见，各有生之物之为一机体，其主要意义即在于生命精神与力量的发挥，是为了自我之保存、保全，以及整个生命系统的究竟完成。故有机之生命不仅是一变化之生命，不仅是一个体之生命，更是一精神之生命、自有其目的之生命，生命之伦理即建基于此。否定生命之有机性与自我保全之能力，不仅违背生命之形上原理，而且将使生命之伦理意义落空。

---

① 见成中英《中国哲学的特性》一文，此文刊于《中国哲学思想论集·总论篇》，台湾牧童出版社，1977年再版。

第八章

齐物的生命认知论

前文对庄子的生命哲学作了总相的论述及横向的分析，并阐析了其道论与宇宙论的关系，以及此一关系对其生命哲学的重大意义，笔者将接着以两章的篇幅来整理《庄子》一书最重要的两篇：《逍遥游》与《齐物论》，以试着揭显其中的哲学意理。可以说，这两篇蕴含了庄子生命哲学的一贯主题，而以超越的认知论与超越的境界论，涵盖了庄子生命哲学的形上进路、形上课题，并阐扬了庄子生命特质的形上意义。在认知与境界之间，庄子以富创化性的生命贯通之，其间有语言的辩证活动与心灵的辩证活动，庄子乃在语言与心灵的双向秩序中，开发了生命本体的形上内涵。一方面，不断进行心灵与其自身之对话；另一方面，则使各生命在意义的共同世界里，进行本体与本体之间的生命的契合，而于彼此间全面的交流中，建立了超越性的关系。借此超越性的关系，境界乃得以实现，生命乃得以超升，在此，庄子运用符号的象征性及超越理性的各种图像，建构了一个以生命意义为基础的精神世界，在此精神世界中，生命乃能进行各种统合、各种创造。齐物之论乃理性的大统合，它实现了各种知识共有的创造性；而逍遥游则是生命的大创造，其创造意义以“创化”“创进”为主，故逍遥游以生命之创进历程为基本方向，而不断地拓展生命存在之领域，不断地提升生命存在之境界。生命之存在唯在创进、拓展与超升之中，才可获致其存在之意义，而境界亦无先在而固定的结构，如同吾人理性不是概念与论证的集合场，吾人之“自我”不是封闭的、无发展性的。故境界、理性、自我等皆在生命的开放精神中，亦即在生命理想的活动中，不断地进行生命实然的诠释、生命纯然的表达及生命应然的开展，如此，吾人生命才可能从一个体进为一位格（Person），庄子即在“人之为一位格”的基本的肯定上，以超越的认知发现位格的超越意义——至人、神人的意义，以超越的境界为超越的位格提供一安身立命的超越世界。因此，我们可以归结地说：舍弃生命的超越意义及精神的超越价值，庄子的齐物论与逍遥游便丧失其真实的内涵与合理的基础。

依《庄子》内七篇之次第，《齐物论》在《逍遥游》之后，然就庄子生命哲学的脉络而论，《齐物论》则应在《逍遥游》之前。齐物论是工夫，逍遥游是境界，先有工夫，然后才能开拓出更高更远更广的生命境界。不过，若就生命之一体性而言，两者本无先后之别。在即体即用的本体论、宇宙论与人生论一贯相融的基础上，生命的发展不再是条件组合的成效，也不再是攀缘层次的竞争，而是生命精神完全的凝注，生命真相总体的发露，所有生命的活动乃一体之运作，所有生命的表现乃内外如一、实然纯然。因此于生命力量在无数瞬间生发激涌之际，工夫即境界，境界即工夫，手段与目的一时俱现。物须先齐，吾人之生命才得以解放而作逍遥之游；须有能作逍遥游的生命力与生命精神，吾人才能在不齐的物相中，奋理性以达一往平等的大齐之境。

在未进入本论核心之前，对庄子所以高标“齐物”之理想为其生命理想，进以发挥吾人理性的创造力，转吾人之自然生命为创造性之生命，终摆脱自然定数，迎向精神的自由，吾人须有如下之认识：

1.齐物论是为了解决逍遥游游出的种种生命问题。庄子首以逍遥之游开拓了吾人精神的空灵意境，他高唱：“乘天地之正，而御六气之辩，以游无穷者。”（《逍遥游》）如此超卓的生命精神已穿透人文世界及自然世界的重重阻障，上达极高明、至广大、尽精微的生命境界。唐君毅认为庄子思想的本源在于“其对心之别有所见”[①]，而“庄子所重之心，原为超一般理智心，超一般知识之心”[②]，所谓“超一般理智心”“超一般知识之心”，即是以齐物的工夫超一般理智，超一般知识，而使心之人能得以超离一定之所知，作无尽止的发挥，理性的创造力乃得以淋漓而出。庄子是以在《逍遥游》的种种寓言中，具体展现了吾人生命之恢宏大能，翻转了世俗之价值观，在人心之上启道心，在俗人之上塑真人，在常识的世界中并现宇宙重重无尽的境界，终把滞于有限时空之内的种种相对性——高低、大小、寿夭、有用无用等一体化解。至此，理想

① 唐君毅：《中国哲学原论·导论篇》，新亚研究所出版，台湾学生书局发行，1979年四版（台三版），第100页。

② 唐君毅：《中国哲学原论·导论篇》，新亚研究所出版，台湾学生书局发行，1979年四版（台三版），第109页。

和现实遥遥相对，庄子乃开展其理性无穷的辩证，以解决生命在超脱解放的历程中所遭遇的种种问题。方东美认为这是庄子哲学成败的关卡，而问题核心就在“齐物论”①。可见齐物论不是逍遥游的延续，而可说齐物论是成其逍遥之游的思想超越以迄生命超越，它集结了庄子生命哲学的重要意义，使乘物游心的形上境界在吾人生命理性中有了无比稳当之基点及无穷的开阔路径。当然，在体用合一的生命实践之上，吾人须对生命之体、生命之用及两者之关系，有清晰的辨明。庄子所以结合其道论与宇宙论并通过齐物的超越认知，试图以生命理性体证生命本体的形上意义，即是为了说明生命由体至用的一贯之道。

2.齐物论以“自然”为先决条件。郭象注“逍遥游”云：“天地者，万物之总名也。天地以万物为体，而万物必以自然为正，自然者，不为而自然者也。”②“自然”示现“道”的根本法则，此一根本法则超越任何法则，但又包涵任何法则，可以说是“一切法则的法则”。物之所以为物，即在于此一根本法则。吾人解庄子之自然，绝不可将其下转为物理之自然，物理之自然只是一般之法则，甚至是一般之条件，并未上达法则之根本性。故对郭象之自然观，吾人可作相当程度的肯定，只要吾人坚持老子“道法自然”（《老子》第二十五章）的形上

① 方东美：《中国哲学之精神及其发展》（上），孙智燊译，台湾成均出版社，1984年初版，第189页。

② 见郭庆藩辑《庄子集释》，台湾河洛图书出版社，1974年影印一版，第20页。

义谛，守住“自然”一词的无称性、穷极性。王弼注云：“自然者无称之言，穷极之辞也。”[①]“自然”所以无称，因唯道与之相称，道以无为本，而无生万有，故无称而无所不称。“自然”所以穷极，因其穷极万有而至于道，道稽万物，似有所穷极，其实无所穷极，故“自然”穷极一切，而一切之有因自然而无不穷极，而无所穷极。如此，从超越的认识论上达超越的本体论，“自然”将可透显道的全部意义。就无称性而言，“自然”之内涵极大而外延极小，然就穷极性而言，“自然”之外延极大而内涵极小，“无称性”侧重认识论的意义，“穷极性”则侧重本体论的意义。由此可见，“自然”超乎一般主谓词相属相连的逻辑理论，而入于旁通统贯、错综复杂的形上原理中，且总结了一切形上原理，而成其为第一原理。

如此坚持自然为第一原理之第一义，不使之流于第二义，当可开发出无穷的生命意义，以完成庄子的逍遥之游。故物之所以能齐，即在于物物自然。物之自然至少包括两方面：自然之“然”及自然之“所以然”。“然”是“所”是“事”，“所以然”是“能”是“理”，吾人须透过自然之“然”，即自然之所及事，以发现自然之“所以然”，即自然之大能及自然之大理。如此，才能体会自然生命之真精神与精神生命之真自然，至此，自然是精神的自然，是生命的自然，而生命是自然精神之具现。一切自然现象不过是此一自然精神、自然生命的印证罢了。

---

① 见《老子》（四部备要本），台湾中华书局，1980年台九版，第28页。

郭象以其自然观注解《齐物论》，开发出“自忘”“自用”“自得”“自因”等义谛，颇值得我们注意：

夫达者无滞于一方，故忽然自忘，而寄当于自用，自用者，莫不条畅而自得也。

几，尽也。至理尽于自得也。

夫达者之因是，岂知因为善而因之哉？不知所以因而自因耳，故谓之道也。

物皆自用，则孰是孰非哉！

物皆自得之耳，谁主怒之使然哉！此重明天籁也。①

在此，我们可以运用郭象由自然衍生的诸多义理，试着开拓出一条由体到用的生命理路：

自然→自因→自得→自用→自忘

自然为生命之体，摄体为因，以成其生命之大因，深种此生命大因，自然有得，有得于己，即有得于一切之生命，如此以生命为大用，以生命为一切之用的唯一目的，自可善转生命之全部内涵，以超离形相世界，超离“能知”与“所知”，此即“自忘”，忘自己于精神超升之历程中，唯自忘而无所执着，

① 见郭庆藩辑《庄子集释》，台湾河洛图书出版社，1974年影印一版，第72、73、78、50页。

吾人之生命才得以在无为而无不为的精神解放中不断超升。自忘至于忘其所忘，无所不忘而无所忘，生命之体用乃合而为一，由体到用的生命发展便不是舍体逐用，而是摄用归体，以成其生命之大用，以建其生命之大体。庄子的认知论及修养论则始于“自忘”，先见真我——自我生命之真实，再明自用之用，自得之得，以铺展其认知系统而大明理性之用，以完成其修养工夫而深得生命之德，如此便可回返生命之因，自因其因，自立其体，生命便可在自然的原理不断体现的过程中，去假还真，以拯拔其生命，以完满其生命。

可见自然不仅为生命逍遥之基点，生命之自我认知，进以自我认知成其自我超越，同样须以广大平等的自然为认知与超越的领域。物物自然，皆然皆不然，故彼此均同，是非互容，如此“自然”确立了物物的独立性及平等性。唯有在此独立性及平等性中，物相虽异，物之自体依然善能自立，不妨其“自己如此”，物物乃能自用，物理乃能自得，如此物物自因，物物自得，自可终于物物大齐、论论平等，一切知识系统便可除去自我封闭及彼此对立的危机与困境。吾人当可借此不断进行思想之自我革新，而思想革新为生命革新之根本。思想革新之必要条件为理性不失其本体，所谓“理性自新”，自能为吾人生命提供永不枯竭之生机。新新不已、生生不息，这是恒久的创造，庄子齐物论的积极意义在此，其最终之目的亦在此。

3. 齐物论不离道论。齐物以道为中枢。庄子是以道来齐物，物之所以能齐，因物物皆在道中，物物皆因道而共同存在，共享存在之一切资源。道赋予一切存在物同等（但不雷同）的存在性及同等的存在价值。在此，我们可以拿成玄英以佛之中道解庄子的观点，来说明道为吾人认知进程之中枢：

> 内外双遣，物我两忘。
> 彼此俱空，是非两幻。
> 彼我两忘，是非双遣。
> 心境两空，物我双幻。①

这可算是一种创造性的诠释，也唯有在庄子创造性的思想中，后人才有作此创造性的诠释的可能。成玄英归结出：内外、物我、彼此、心境等对立之两极，它们不纯属于物，而亦是吾人心念意识之造作所生。庄子是以等量齐观之，同立于道枢，而予以“双遣”“两忘”“俱空”“两幻”“两空”，如此吾人方能超离一般之理念及一般之知识，不为外在形相所限，亦不为自我意识所拘，而令生命中道前行，这才是真正的超脱解放。

道是吾人理性唯一的标的，是吾人生命不偏不倚的枢纽。执道其实无所执，中道其实无所不中。如此中道观不只具有认知的意义，更具有道德的意义，它是一种心灵的涵养，旨在不断反省人的知识，并谨严地加以检查，使知识不断推陈出新，

---

① 见郭庆藩辑《庄子集释》，台湾河洛图书出版社，1974年影印一版，第18、68、69、70页。

提供一无穷广大的视野，以作永无止境的批判与超越。这也可说是一种“道德的知见”，一种“认知的真诚”。如《中庸》之反省儒家之知：“道之不行也，我知之矣，知者过之，愚者不及也。道之不明也，我知之矣，贤者过之，不肖者不及也。”（《中庸》第四章）“舜其大知也与，舜好问而好察迩言，隐恶而扬善，执其两端，用其中于民，其斯以为舜乎！”（《中庸》第六章）庄子的反省与批判更为彻底，其“执其两端而用其中”的认知活动更具辩证性，更富有超越性。在《知北游》，庄子以“知”为假设之人物，他让“知”到北方游历，以“北方”“玄水”象征智慧，其间“知”所经历的人物：“无为谓”“狂屈”“黄帝”等各象征一认知阶段，而最后归宗于黄帝：“无思无虑始知道，无处无服始安道，无从无道始得道。”（《知北游》）此是中道之言、中道之义。黄帝居中位，庄子用之以象征“中道”之意旨十分明显。“无为谓”与“狂屈”则分别象征不言与言，不知与知，道超越言与不言、知与不知的两端，故曰：“为道者日损，损之又损之，以至于无为，无为而无不为也。”（《知北游》）可见认知的过程在于消弭概念之自我固执，不断地否定，只是为了逼显最后的大肯定，如此心智的自我淬砺，原在道中，原是为了不断地疏理吾人与道之关系，并进而契合之。

中道观为一理性持平的态度，亦即齐物的基本精神。以道双遣内外、是非，两忘物我，俱空彼此，都是为了发挥生命的创造精神，不使生命受到任何干扰与阻碍。在运用双遣、两忘的破的工夫之同时，吾人即能不断清净自我之心灵，此时心与智合，智与理合，如此吾人便能处理一切存在之课题。吾人存在之课题往往由内外、物我、是非等概念而起，若吾人善予料理，使它们在被双遣两忘之后能为吾人以更高的认知层次加以包容，使其相容并存，而各自获得一定的价值与意义，则生命的完整性将愈趋完整，生命的境界亦将愈趋高明。故齐物之中道观并不是一径指向外在对象的客观性认知，它不在于拔除认知之对象，一味地作片面的减除，至于心空无物，等同草木，而在于发现两端之间的真实关系，并将此无穷之关系放入道的大域中，一切将共存共荣，生命的意义将磅礴于万物之中。如此，独立不妨平等，相对不碍绝对，有内外而无内外，分彼此而不分彼此，有是非而无是非，庄子以道齐物，其真谛在此。

4.齐物论并无任何固定之理论架构，它有着种种有机之脉络，看似片断，实则前后相衔、左右逢源。庄子反一切封闭的认知系统，因此他并未建立任何认知系统；若说庄子有其理论，那是没有理论的理论；若说庄子有其系统，那是没有系统的系统。没有理论的理论以道为核心，没有系统的系统以道为根本。因以道为核心，故一切之理论须为更高的理论所消融，而最高的理论即是道。因以道为根本，故一切之系统须为更大的系统所包涵，而最大的系统即是道。一切理论系统归向道，如众沤之入海。

当然，庄子自有其理论，自有其系统，他以道为一切理论系统之最根本之意义，道足以成全任何之理论系统。以道为最后之原理，吾人之思想历程永远有成立任何理论系统之可能，而吾人永不会拘泥于任何理论系统中，同理，以道为最终之目标，吾人之生命历程即自成一无穷系统，而吾人即可不为任何生活经验所限，亦不至于停滞在任何生命阶段，如此，自可以无穷生命之系统，拓展吾人之生活经验，并衔接各生命阶段，贯成一道生命超越之路。

庄子以诙谐之笔触，巧妙地融合事相事理，将其编织成恢恢天网，虽疏，然不漏，因他已赋予一切的动静言默无穷之理趣，此无穷之理趣即源自道。维根斯坦云："的确，有不可言喻者，它们显示它们自己，它们就是奥秘。"[①]庄子哲学的奥秘就是庄子生命的奥秘，就是道的奥秘。面对这些不可言喻者，庄子巧妙地使用寓言卮言重言，让它们显示它们自己，故能言而不言、动而归静、形而无形，终进入神妙的境地，庄子因此尽兴地显豁生命之道，以批判吾人之思想语言，以破除吾人生命之大敌，以回归生命的真实质朴，以获致生命的真平等真自由。如此，一切生活的运作及经验的累积与消化，一以齐物之道为准，齐物论为人格之修养与宇宙之存在建立一生发意义的核心。就庄子哲学之一贯性而言，齐物论即自然之论，即道论，亦即生命修养论及人格超升论。生命修养及人格超升以齐物始，以齐物终。以道修身，故能齐；以道为人格超升之路，故能以齐

---

① 见维根斯坦（Ludwig Wittgenstein）《逻辑哲学论丛》（*Tractatus Logico-Philosophicus*），陈荣波译。译文刊于《语言迷宫的向导——维根斯坦》，陈荣波译著，台湾时报文化出版公司，1983年初版，第209页。

物之齐为超升之本事。林云铭论云："逍遥游言人心多狃于小成，而贵于大；齐物论云人心多泥于己见而贵于虚。"[①]大与虚皆是生命超升之先决条件。齐物论总结一切存在之关系，肯定一切存在之价值。在此，庄子以道解决吾人理性与非理性之间的种种问题，终于开拓了生命之领域，因自然而超自然，运理性而超理性，庄子乃大肆发挥其思想语言的种种善巧方便。

一、齐物之论

本篇以《齐物论》为篇名，郭象注云："夫自是而非彼，美己而恶人，物莫不皆然。然，故是非虽异而彼我均也。"[②]物分彼此，故自是非彼，因彼此而有是非，因有是非而彼此之分乃判，然以"自然"的观点看来，物物自然，物莫不皆然，"自然"包涵了彼此是非，取消了彼此是非的对立，故物物其实共存共荣、相生相成，乃能"是非虽异而彼我均也"，物物皆可自是非彼，如此"自是非彼"的彼我对立性乃形成无穷之系统，而物物皆在此无穷之系统中获致一种立基于共同生存的平等性。多玛斯云："万类物体俱备的共同要素是'生存'。"[③]

---

① 林云铭：《庄子因》，台湾兰台书局，1969年初版，第17页。
② 见郭庆藩辑《庄子集释》，台湾河洛图书出版社，1974年影印一版，第43页。
③ 多玛斯：《论万物》（上），吕穆迪译述，台湾商务印书馆，1970年初版，第37页。

物物共生，庄子透过自然，发现物物共生的平等性，“彼我均也”即彼我平等，这是立足点的平等，而不是物物生存内容之混同不分。由此，本篇篇名告诉我们庄子的重大发现：万物的平等、生命的平等。陈鼓应说：“齐物（The Equality of Things）即主张万物的平等。庄子从物性平等的立场，将人类从自我中心的局限性中提升出来，以开放的心灵观照万物，了解各物都有其独特的意义内容。”[①]原来万物之平等并非归纳所得的抽象的普遍性，而是万物自然而共存、当体而即用的独立性，物物独立于道中，物物共生于道中，就此而言，物物均平，原无差等。故可见齐物非从上到下的专制，亦非由外向内的宰制。物物所以能齐，因物物各有其性，“物莫不皆然”乃其本性所致。物性有同有异，所同者在物，所异者亦在物，此一比较的观点并不足以造成截然二分的界限。吴光明谓：“齐不是同样一致，废除各自个体的特独性质，反而是描写诸多种物体，各有不同特色，互集成群。”[②]有同有异，存同保异，万物之妙趣乃洋溢而淋漓。而所谓“物”包括人及人事，并非今日物理之物，这在庄子有机有生的宇宙中，是不必另行质疑的。亦可以说，所有可能成为认知对象者皆是物，由于庄子之认知超乎一般理智之认知，故庄子之物，其意义自超乎一般理智之知解，而有其蕴含存在价值及生命义理的内涵。

至于应“齐物”连读或应“物论”连读，章太炎如此诠

---

① 陈鼓应：《庄子哲学探究》，作者自印，1975年初版，第91页。

② 吴光明：《庄子》，台湾东大图书公司，1988年初版，第181页。

释:“齐物属读,旧训皆同,王安石吕惠卿始以物论属读,不悟是篇先说丧我,终明物化,泯绝彼此,排遣是非,非专为统一异论而作也。应从旧读,因物付物,所以为齐故。”[①]“因物付物”同于郭象之自然观,而标“物化”,乃自然大义。彼此是非不在于论论互异之内容,乃由各执一物各持一论的形式意义所致,此唯“原理之原理”“形式之形式”的“道”可能化解之。故统一异论并不足以绝彼此遣是非,而异论统一之标准在于道,道并不专属一论,故以一论统他论,皆非真正之统一。道之统一并非一般意义之统一,其中蕴含极丰富的自由精神,是不容抹杀的。

章氏又以佛理大肆发挥齐物之义:“齐物者,一往平等之谈,详其实义,非独等视有情无所优劣,盖离言说相,离名字相,离心缘相,毕竟平等,乃合齐物之义。”[②]章氏以大乘空义解庄,颇能拈出物齐之无分别境界,然是否能合宜地宣说庄子未离言说相、名字相、心缘相之际,所表现的磅礴生命气魄与曲妙的智证历程,则不无疑问。方东美大体赞同章氏之说:“诸执尽舍,真正平等之理想乃现。一言以蔽之,大道无穷,对其充实性、丰富性与无理性,吾人只合默而识之,深心体会,不可言说故。”[③]诸执尽舍,不仅离言说相、名字相,更离

① 章太炎:《齐物论释定本》,台湾广文书局,1970年初版,第1页。
② 章太炎:《齐物论释定本》,台湾广文书局,1970年初版,第1页。
③ 方东美:《中国哲学之精神及其发展》(上),孙智燊译,台湾成均出版社,1984年初版,第194页。

心缘相，至此，一切心念造作不违道相，物物宛然现前，物物平等齐同，齐者因道而齐，同者同于共生共存之道，这是大道遍在万物的彻底的实现，大道之无穷内涵于焉全般跃现。而道之“无理性”更好说是“超理性”，化理性自道之有趋道之无，而入于理性之本体中，是不可以实用理性或工具理性抹杀吾人理性充实吾人生命之无穷之可能性。

参透物齐玄旨之余，道即不道，说即不说。庄子寄意邈远，任思想言语与生命之本真、天机一起运转，以发挥有意涵的“话语”（Logos）的创化功能，这其实是一种善保沉默的作法，如维根斯坦云：“不能够说的东西，我们应该保持缄默。”[①]庄子以其巧妙的“文字般若”，传达出难以传达的义谛，其言语并无损于“圣默然”的玄境，至此，吾人应可了然：若物论可齐，乃在于物之可齐，是不可急于物论之齐而忽略了齐物的悟性工夫。物若不齐，而人人心中之“物”尚各据其分歧之概念，却一味地强齐“物论”，欲将各种理论束为一条、冶为一炉，则已违背庄子极其民主自由的作风，势将导致“以不平，平；其平也，不平”（《列御寇》），郭象注云“以一家之平平万物，未若任万物之自平也”[②]的恶果。当然，“物论”亦是“物”，故“齐物一论”亦可同于“齐一物论”。不过，“物

① 见维根斯坦《逻辑哲学论丛》，陈荣波译。译文刊于《语言迷宫的向导——维根斯坦》，陈荣波译著，台湾时报文化出版公司，1983年初版，第210页。

② 见郭庆藩辑《庄子集释》，台湾河洛图书出版社，1974年影印一版，第1064页。

论”之为“物”，须经后设之语言哲学予以处理，且须出以全面的哲学省思与批判，庄子对此并未有具体的宣示。吾人可以肯定的是：庄子以大道的无限丰富性调和物性之千差万殊，其齐物的平等性并非表面的平等性，亦非意义贫乏的单一性。[①]

二、丧我与真吾——认知生命的真相

《齐物论》效《逍遥游》，由一寓意深远的故事开始：“南郭子綦隐机而坐，仰天而嘘，荅焉似丧其耦。”此等“坐忘”工夫已然暗示《齐物论》不只在于思维之巧、言辩之妙，更在于吾人心灵的锻炼及生命直觉的淬砺，以直探宇宙内蕴之奥秘。由南郭子綦与颜成子游的师生对话，庄子道出“吾丧我”的精神境界：

> 子綦曰：“偃，不亦善乎，而问之也！今者吾丧我，女知之乎？女闻人籁而未闻地籁，女闻地籁而未闻天籁夫！”（《齐物论》）

① 方东美认为庄子立说的动机为“在于为人类万般个性之天生差别谋致调和之道，而和之以大道之无限丰富性，并化除于漫无的准，意义贫乏之单一性或表面上之平等性也”。见方东美《中国哲学之精神及其发展》（上），孙智燊译，第194页。

郭象注云："吾丧我，我自忘矣；我自忘矣，天下有何物足识哉！故都忘内外，然后超然俱得。"[①]"丧我"即"忘我"，忘我与物之对立，忘与物对立之假我。庄子在此以"吾"为真我，以"我"为假我，真假之辨是忘之始，而忘之终则真假无须辨，一切莫非真，以真化假，假可入于真，这是超越的认知，生命的真相由此现，故郭象云"超然俱得"，得道即得真我，得真我即得道。假我自我封闭，因自我封闭而与物对立；真吾则向世界开放，向一切开放[②]；且因此一无穷的开放性而不断离假归真，至此，整个存在界以无限的和谐性迎此真吾，三籁合奏是和谐的具体象征，以声入耳是比以眼见象更能予人宇宙大通、万物太和之体验[③]。

庄子确信：一切世上之是非争执，都因执持有我而来，这世界乃充斥独断与偏见，如此，真我隐退，假我当道，真生命于是逐渐消失。所谓"形固可使如槁木，而心固可使如死灰乎?"（《齐物论》），此一生命之自问现出一线生机。庄子善破一般人之悲观心理，他似乎对生命具有绝对之信念，此一信

① 见郭庆藩辑《庄子集释》，台湾河洛图书出版社，1974年影印一版，第45页。

② 陈鼓应解"吾丧我"云："这个'我'乃是封闭性的假我，'吾'才是开放的，本真的自我。"见陈鼓应《庄子哲学探究》，第91页。

③ 宇宙大通的体验可以《秋水》"始于玄冥，反于大通"为例证，这是贯彻始终的生命体验，玄冥之始，使吾人得反宇宙大通之境。万物太和的体验则可以《天运》"夫至乐者，先应之以人事，顺之以天理，行之以五德，应之以自然，然后调理四时，太和万物"为例证。在此，"太和"为动词，但亦可用以描述万物合顺的真实状态。这两种体验其实是一种体验。只是"大通"较侧重"无"的意义，"太和"则较侧重"有"的意义。

念源自对真生命及真生命所处的真实世界的深切知见。生命形体可能如草木枯槁，然主吾人生命之心则可死灰复燃，不断恢复生机，在此，庄子有着《周易·复卦》的“复”的精神：“复，其见天地之心乎！”“天地之心”即天地之生命精神，同流太虚，无所不在，是为吾人与万物共生之大域。庄子以天地人三者之统摄交融，掌握此一广大充沛的生命精神，乃以三籁为喻，以天地人的大合奏示现生命的永恒。如果能不断穿透生命歧出的孔径，并消除生命自设的限制，那么近死之心，可使复阳，而转危机为生机。生命是可在无执无舍的开放性中，不断获得再生复活的机会。

唯丧其耦——对立之我，方能发现独立之真实之我——真吾，郭象注云：“同天人，均彼我，故外无与为欢，而荅焉解体，若失其配匹。”[①]“丧其耦”乃在解除人我对立，内外对立，是工夫的描述，亦是境界的描述，乃齐物的工夫做得圆熟之后自然所现的境界。至此，彼我两破，天人均同，然其间之历程十分深远，非一蹴可至。成玄英疏云：“妙悟自然，离形去知，荅焉坠体，身心俱遣，物我兼忘，故若丧其匹耦也。”[②]“若丧其匹耦”分明指向一种生命状态，对于工夫本身，并不特别着意。而所谓“妙悟自然，离形去知”则与《大宗师》的“坐忘”——“离形去知，同于大通”一体无殊。齐物与坐忘并非两种工夫两种境界，而是一种工夫一种境界。离殊多之

① 见郭庆藩辑《庄子集释》，台湾河洛图书出版社，1974年影印一版，第20页。
② 见郭庆藩辑《庄子集释》，台湾河洛图书出版社，1974年影印一版，第20页。

形，去执滞之知，大通者大齐也，齐而后通，通乃至齐，生命之进程于是殊途而同归，如此亦同时验证了“有真人而后有真知”（《大宗师》）的基本命题。

章太炎以庵摩罗识“真我常遍而自存”解“求得其情与不得，无益损乎其真”的真吾，自有其一番比论。[①]然庄子所以在《齐物论》首揭丧我之坐忘工夫，并无意于真我之常遍自存性之解析，而在于以真我为自然之道作具体的见证，以展开齐物之超越认知。吴怡说：“整个《齐物论》的血脉乃在于真我，唯有真我，才能去齐物；也唯有物物都具真我，物物才能齐一。”[②]可见庄子的真我已然入于遍在万物的道，甚至可说真我是“道在肉身”，庄子尊重个体、个人之精神由此可见。以个体生命之纯真足以否定一切生命之假而肯定一切生命之真。真恒为真，故假不碍真，这是认知亦是修养的基本原则。运用此一原则，心灵与伦理可以互通，心之真诚自可转为伦理之德，形上之我亦即道德之我，一方面，庄子追求知识之本原；另一

① 庵摩罗识又名“如来藏”“不生灭体”。章太炎认为庄子的“常心”（《德充符》云：“彼为己以其知，得其心以其心。得其常心，物何为最之哉?”）“真君”即庵摩罗识，而执意根以为我之心即阿陀那识。章氏以为：若据现量，对“灵台”（《庚桑楚》云：“灵台者有持，而不知其所持，而不可持者也。”）作寂静之观察，“即现执此恒转如暴流者以为自我，犹是幻妄，唯证得庵摩罗识，斯为真君，斯无我而显我耳，是故幻我本无而可丧，真我常偏而自存，而此庵摩罗识，本来自尔，非可修相，非可作相，毕竟无得，故曰：‘求得其情与不得，无益损乎其真。’”。参见章太炎《齐物论释定本》，第25—26页。章氏此一“假我无可丧，真我无可得”的论见，颇能契合庄子认知之超越精神。

② 吴怡：《逍遥的庄子》，台湾东大图书公司，1986年再版，第140页。

方面，庄子实践了生命的理则，真我是生命统合的成果，我我皆真，物物皆真，真人自现，而人人莫非真人。

唯真我常真，方有精神之平等；唯丧小我忘小我，才能成就大我，“大我”乃真我的另一个名号。南郭子綦隐机而坐的示范，表现庄子认知论的基本精神：不作语言之游说或理论的解析，而旨在令吾人理智入生命之真，亦即令生命之真化除吾人之知识障：由实际事物之真、道德之真、心灵之真（真诚）以迄吾人真实之天性，至此，本体真理——道之作为生命之真宰、真君，才有其着落，而真人之成就方有其可能。因此，论及庄子之真，已总括一切之真，是不必再计理、事、相或体、用等名目，而生命之真总成一切之真，真人真知之真皆直指生命之真，丧我工夫的宗旨在此，齐物之齐由此做起，舍此，别无其他认知之起点及门径。

三、自然籁音的象征意义

庄子描摹地籁，是一段绝妙散文：

> 夫大块噫气，其名为风。是唯无作，作则万窍怒呺，而独不闻之翏翏乎？山林之畏佳，大木百围之窍穴，似鼻，似口，似耳，似枅，似圈，似臼，似洼者，似污者；激者，謞者，叱者，吸者，叫者，譹者，宎者，咬者。前

者唱于，而随者唱喁。泠风则小和，飘风则大和，厉风济则众窍为虚。而独不见之调调、之刁刁乎？（《齐物论》）

如此生动之文字似与哲理无关，然而其中充满自然之趣，为“自然”作了具体的宣说。“大块”乃自然之别称，大块噫而出气，气象征自然大通之理，亦指无所不在的生命。郭象注云：“大块者，无物也。夫噫气者，岂有物哉？气块然而自噫耳。物之生也，莫不块然而自生。”[①]成玄英疏云：“夫大块者，造物之名，亦自然之称也。言自然之理通生万物，不知所以然而然。”[②]皆强调通生万物的自然生命体，这是庄子齐物的大前提。物物有生且自生，故物能自齐，自齐而齐他，生命之一贯性自然而成。庄子似是以地籁作为天籁人籁之间的媒介，地居天人之中，人籁是亟待批判的语言，而天籁“大音希声”（《老子》第四十一章），往往听之不闻。地籁则一气多窍，一音多声，暗示一多互容之理，且可表现庄子不偏不倚的中道观。如此地籁融合人籁，化入天籁，天人交应，小和而大和，庄子和谐的宇宙观已呼之欲出。

三籁之间，原无高低之判，因三籁皆源于“自然”。故庄子云：“夫吹万不同，而使其自己也，咸其自取，怒者其谁邪！”（《齐物论》）郭象注云：“自己而然，则谓之天然。”[③]

① 见郭庆藩辑《庄子集释》，台湾河洛图书出版社，1974年影印一版，第46页。
② 见郭庆藩辑《庄子集释》，台湾河洛图书出版社，1974年影印一版，第46页。
③ 见郭庆藩辑《庄子集释》，台湾河洛图书出版社，1974年影印一版，第50页。

自然而自取，此是天道，其中满是天趣天机，而生命之行乃天行，是不必再追究行者为谁，作者为谁。行而不行，作而不作，生命的律动乃趋和谐。“若有真宰，而特不得其眹。”（《齐物论》）郭象注云：“起索真宰之眹迹，而亦终不得，则明物皆自然，无使物然也。”[①]“若有真宰”之义同于“怒者其谁邪!”，是对吾人知解“真宰”的可能性的质疑，但并非因此断然否定“真宰”的存在。“物皆自然”可立即推至“无使物然”，但“无使物然”并不即是对“真宰”的否定。“真宰”并不使物，乃意谓生命自主的最高境界。真宰的不可知，引致对真宰的存疑，实已预设吾人自我超越思想语言的可能性。王煜云：“天籁的涵义，直可引申至超脱实物，而独指‘天然’此意义或境界，即是子綦以自己与自取两语所暗示或隐指的妙境。使其自己的消极意义就是否定自己背后‘怒之使然’者的存在；它的积极意义，正在自己如此由于自取如此。”[②]自取而自然，是已发挥了生命的创造精神，在创造的进程中，是不必先行对“主宰”作消极的否定。而于肯定庄子哲学为“自然主义”——“自己如此主义”（Selfdependentism）之后，又进一步认为庄子哲学为境界型态的哲学[③]，则须善解“境界”为不落真假实幻的生命统一场，万不可任其流为与实存世界对立的主观造境。以庄子为

---

① 见郭庆藩辑《庄子集释》，台湾河洛图书出版社，1974年影印一版，第56页。
② 王煜：《老庄思想论集》，台湾联经出版公司，1979年初版，第115—116页。
③ 王煜：《老庄思想论集》，台湾联经出版公司，1979年初版，第117页。

自然主义，须同时把握其超越的形上生命，若丧失“超越”之意义，自然主义势必演成封闭的知识困境，甚至于截断理性的各种欲求，如此，“自己如此”将不过是“自我停滞”“自我退化”的代名词。故庄子之超越非一般之上下求索，物之回向自我非一般之自我肯定，而是横绝三界，亘古一瞬的生命总体运作，实非生命之枝节所能轇轕，亦非量化的时空所能局限。

我们可以很明显地发现三籁有三种象征意义：

1. 籁是空的、虚的，象征吾人无心之言自然而出，乃生命纯净之本性所致。有心便不自然，有心之心为“为我之心”，一心为我，心的虚灵性便将逐渐丧失，而大通之道亦将逐渐壅塞，如此，生命的自我保全将十分可虑。庄子如同老子，十分重视“虚”的功能。“夫虚静、恬淡、寂漠、无为者，天地之平而道德之至，故帝王、圣人休焉。休则虚，虚则实，实则伦矣。虚则静，静则动，动则得矣。”（《天道》）虚能通物，是生命之大用，虚则合道，道是真实的，故虚能入实，并化真实之道为自然之伦理。如此看来，善用“虚”的精神，可以齐物，物物因“实”而互异，物物因“虚”而大同。此外，“虚”尚可以用来养生，庖丁解牛就是运生命之虚以保生命之实的范例。

2. 三籁交响是和谐的象征，大同容小异，不必强己与人同，也不能强人与己同。在和谐之中，物物自得，人人自乐，每一个个体皆可得以保全，这就是逍遥游的初义，也是齐物的始点。方东美谓此为个体化与价值原理。[①]以个体肯定存在之价值，是价值肯定的基石。先须尊重每一个个体，吾人才可能在价值无穷的层级中往上升腾。

3. “万窍怒呺”暗示“百家争鸣”，虽百家之鸣和万窍怒呺仍有所不同。引起万窍怒呺的自然力——气是无心的，而百家所以争鸣，则在于人之有心，心之有见，见之有言；各有所见，故各有所言；见有所偏，言乃曲成而有大有小，于是个人意志挟持一己之目的，肇生心理意识的各种疲态病态变态乃层出不穷，这是庄子亟欲处理的人生课题。

总言之，“天籁是自然的化名”[②]，在此，吾人须肯定天籁之“天”的实存意涵，若天无实存性，则“天钧”“天府”“天倪”等均将失去其源自道体的第一义，甚至终于放弃道之为认知之第一原理及存在之第一原则。庄子怀疑知识之绝对性及任何理论之整全性，但他并非怀疑主义者、相对主义者、不可知论者，他所以不断怀疑，是为了一大肯定——肯定道的绝对性、真实性、独立性及整全性。在三籁交响之中，庄子除了建立齐物之前提——自然之精神外，也多少透露：吾人认知是在大道之中进行，从形躯之我的否定，进于对大生命的肯定，三

---

① 方东美认为“个体化与价值原理”为庄子超脱解放之道的第一个原理，并作如下之诠释：“主张万般个性，各适其适，道通为一，是大道无限，其中个体化之有限分殊观点，就其独特性而论，必须接受之，视为真实，盖任何个体实现各表价值方向，各当其分，故于其重要性不容否认或抹煞。”见方东美《中国哲学之精神及其发展》（上），孙智燊译，第192页。

② 胡哲敷：《老庄哲学》，台湾中华书局，1970年台四版，第60页。

籁是此一大生命体的具体表征。人我所以能互通，因大生命体中各种关系皆是可以互通的；生死所以能戡破，是非所以能泯除，亦因大生命体中各种关系皆是有机而可以达致平衡齐一的。三籁即暗示此一大生命网络，认知主体就在其中，且自超拔于其上，而不断地回视自己、省察自己，进而了解自己、批判自己，这是主体的自由，由认知的自由开始，以迄于对世间万物的欣趣玩赏。

四、思想语言的有限功能——突破生命的障碍

从自然回向人间，乃庄子一贯之心路。至此，庄子方才进入齐物论的主题。庄子斟定人知有大有小，人言亦有大有小，此小大之辨乃在知识的意义不断趋向“意义之意义”的进程中。由小向大，并非为学日益，而是为道日损。然一般知识之发展却由大向小，一路指向人间的千态万状与人生的千奇百怪。庄子终于发现：这一切妨害自然、破坏和谐的因素都源于人在知识语言及心意识中的作茧自缚及相互纠缠。

> 大知闲闲，小知间间；大言炎炎，小言詹詹。其寐也魂交，其觉也形开，与接为构，日以心斗。缦者，窖者，密者。小恐惴惴，大恐缦缦，其发若机栝，其司是非之谓也。（《齐物论》）

原来是非似地籁，由人自取，皆由人心之“自我”造作，人情乃因此有“喜怒哀乐、虑叹变慹、姚佚启态”等异态，这些都是“非彼无我，非我无所取”的主观情态。在这些主观情态交缠成的“百骸、九窍、六藏，赅而存焉”的形体中，庄子肯定了“可行已信，而不见其形，有情而无形”的真宰，在此，庄子露出了理性的一线光明，生命的分崩离析于是有了重整的希望，此“真君”即丧我之真吾，乃是吾人在“一受其成形，不亡以待尽。与物相刃相靡，其行尽如驰，而莫之能止，不亦悲乎！”（《齐物论》）的现实人生中，唯一的自救之道。

庄子接着发现人生最大之悲哀是：“其形化，其心与之然，可不谓大哀乎？”心随形化，心乃为形所限，亦为形之变化所陷，此心便是“成心”，心之所见便是成见。“夫随其成心而师之，谁独且无师乎？”人人师心自用，乃出现玩弄文字的假逻辑，假逻辑对正确的认知是极端有害的。“未成乎心而有是非，是今日适越而昔至也，是以无有为有。无有为有，虽有神禹，且不能知，吾独且奈何哉！”（《齐物论》）以无有为有，乃莫大的错误，莫大的错误终酿成莫大的悲哀。如此认假作真，真我便为假我所掩；假我妄作，是非不明，人生之危机莫过于此。方东美云：“真我之深为妄我所斫伤，盖亦明矣，其唯一补救之道，即求诸心之健在，心之理性大用在于能使人人洞见自我中心之陷阱，而免于形成对是非标准之误断也。”[①]至此，

① 方东美：《中国哲学之精神及其发展》（上），孙智燊译，台湾成均出版社，1984年初版，第199页。

是非有哲学原理以化除一切自我中心的错误不可了。

了解语言之性质，以破除吾人“认知活动的蔽障”[1]，是生命精神朝向平等境域所必经之步骤。庄子的平等哲学由语言的批判开始，而终于对生命自身的批判。也可以说，是由于对真生命的热爱，庄子才如此关心语言的功能，并试图解除语言对思想活动的限制。

一切以自我为中心的错误，皆由语言的错误酿致，语言的错误和情欲的陷溺互为因果，成为一恶性的循环。更由于是非的标准不定（甚至可以说，除“道”之外，并无确定的是非标准），使吾人语言的表诠功能大为降低，庄子对知识所以抱持怀疑的态度，其故在此。而庄子所以经由心斋、坐忘等工夫来净化心灵，便是为了使认知功能能与道相应。认知的功能不彰，道便无从开显。静默和谛听正可弥补语言之不足，将语言对认知之干扰降至最低。“道未始有封，言未始有常。”（《齐物论》）道超越有封之域，即超越一切之对立性。林云铭将“封”改为“对”，并申论之：“夫道无往而不存，故未始有对；言无存而不可，故未始有常，盖以有对有常，即为畛域，而八德所从生也。”[2]道自身无对，是人以为道有对，而人所以会以为道有对，主要是因为人言有常，有常之言即为一般所谓之

---

① 陈鼓应认为庄子发现吾人之认知活动有四大蔽障：一、能知主体的局限性，二、对象与认识关系之流变性，三、认识的标准难以建立，四、语言功能的受限制。以上论点参见陈鼓应《庄子哲学探究》，第63—67页。

② 林云铭：《庄子因》，台湾兰台书局，1969年初版，第68页。

“定义”。至于无常之言，其实已等于无言之言，是为万物之母的“有名”[①]，乃语言之源，与道相即不离。

庄子反对吾人执持定义，因语言之义不定。《天道》云：“有形有名，形名者，古人有之，而非所以先也。”又云：“骤而语形名，不知其本也。”本是道，定义为末。庄子自有其一套“无名论”，故他善用名，善于运用定义，其所定之义皆可相通，其所定之名皆可相应。道的无限性及遍在性使吾人不得不在思想语言中保持相当的流动性，小知的形成即来自此一流动性[②]，而大知之知“道”，则非极端扩大吾人思想语言之功能不可。扩大思想语言之功能之同时，吾人势必形成一大套的意义理论，而此一大套的意义理论又势必为其自身之理论所限，除非吾人能运用无穷多的语句，以对应一切的真值条件。就道而言，真值条件乃超乎一切条件之条件。故吾人语言之膨胀很可能导致思想的“无穷后退”，并无法彻底解除语言之限制，这其中有属于语言的吊诡：“既已为一矣，且得有言乎？既已谓之一矣，且得无言乎？”（《齐物论》）如何善解言默的互动关系，已非语言学或语言哲学的专利，庄子以快刀斩乱麻的手法，将生命之路向从思想与语言的关系中转出，而摆脱思想意象的纠缠，并避开语言形式之窠臼，终于踏上齐物的超越路

---

① 《老子》第一章云：“无名，天地之始；有名，万物之母。”“无名”与“有名”皆指无称之大道，始与母的意义是一贯的。

② 吴怡说明小知的形成之因有二：一、外物无定性，二、人事无定论。此一看法可与本章151页注释①所提陈鼓应的论见相配合。参见吴怡《逍遥的庄子》，第64—69页。

径，这是庄子在齐物论中所表现的最巧妙的文字般若①。

活动的概念丧失其活动性，即违离其足以对应一切的意义中枢，于是沦为固定之记忆，这是所知之障之初始根据。人心所以自师其心而有是非，道所以隐而有真伪，皆与吾人自执概念以至于自闭于一己的记忆中，有直接之关系。灭命之故是物故亦是事故，而物事所以演成“故”，皆因概念之滞留于内，致使吾人不见运转流通之命。而真人所以“其寝不梦，其觉无忧”（《大宗师》），因其念常自新，其心常自生，乃能“不知说生，不知恶死”（《大宗师》），有生而不知说，有死而不知恶，因已无一般之“生死”概念，即已消除诸多有关生死之记忆内容；将生死定于某一时空，即此记忆之作用所致。同理，梦醒之颠倒，好恶之伤身，无不是僵化之概念之害，“无人之情，故是非不得于身”（《德充符》）。是非阻塞了思想之流通，至于外吾人之神、劳吾人之精，精神遭此伤害，情欲乃滋生。唯除所知之障，吾人之精神才有真正解脱之可能。

柏格森对观念与记忆的解析，可与庄子相互发明：“所以观念之初发的概性实由于精神之某种活动性，即动作与表象间之运动而成。这正是所以哲学者容易把概念定其处所于两极端之一，且使概念结晶为文字或蒸腾为记忆，其实概念乃由精神

① 文字般若为佛教五种般若之一，乃以文字诠释般若之法。庄子表诠思想之手法高妙，自有其“文字般若”。就佛理而言，文字本性空寂，故可借文字而解脱，这与庄子得意忘言，得道忘意的作风十分近似。

之从一端到他端的进行而成。”[①]道所以有封，言所以有常，即由精神之从一端到他端的进行而成。庄子企求精神之最高境界，其精神活动已超乎一端与他端之间，而其回归大道，即在溯此概念结晶为文字或蒸腾为记忆的沦降过程，以上升于精神全面的活动中，以通彻一切之动作与表象，达于未始有言、未始有名的道境。道所以从无无、无物、有物、有封，终沦入于爱恶是非之域，即由于概念结晶化，且被定于两极之一。庄子以为概念最主要的两极是“是”与“非”，“是”“非”最易于固定概念，“是其所是”“非其所非”，概念乃被固定，吾人之精神活动便不断脱离生命之中枢。因此，若能了解自我思想意识的流程，即可明白道在宇宙中生发滋长的历程。

此外，海德格尔对语言的看法，也可和庄子的观点相得益彰：“语言不仅是人类所拥有的许多工具中的一种；相反地，是语言使人类可能挺立于存有物的开放性中。有了语言，才有世界，也才有决定与生产，行动与责任，骚动与专制，颓放与混乱，如此周而复始的循环。”接着海氏又说：“就较根本的意义看来，语言乃人类之一项资产。”[②]庄子重视语言、批判语言，将其从自我封闭的情境中转向道，向道开放，即是为了摆脱此一周而复始的循环。语言的开放促成生命的开

---

① 柏格森：《物质与记忆》，张东荪译，台湾先知出版社，1976年版，第362页。

② 海德格尔的这一段文字出自其《存在与时间》（*Existence and Being*）一书，此书为沃纳·布鲁克（Werner Brock）所编，译文部分参考袁保新《老子语言哲学试探》一文中所译引，此文刊于《第一次世界道学会议会前论文集（2）》，台湾“中华老庄学会”编印，1987年版。

放，语言回归于道，生命即回归于道，而使吾人生命违离道，则是语言之害。海德格尔认为语言暗藏连续性的危险，此一看法和庄子很接近。言与不言之间，有种种亟待吾人参悟的奥妙，语言与道的关系，使语言不再只是一种工具。庄子对此反复再三：

> 至言去言，至为去为。齐知之所知，则浅矣！（《知北游》）
>
> 知道易，勿言难。知而不言，所以之天也；知而言之，所以之人也；古之人，天而不人。（《列御寇》）
>
> 荃者所以在鱼，得鱼而忘荃；蹄者所以在兔，得兔而忘蹄；言者所以在意，得意而忘言。吾安得夫忘言之人而与之言哉！（《外物》）
>
> 不言则齐，齐与言不齐，言与齐不齐也，故曰无言。言无言，终身言，未尝不言；终身不言，未尝不言。（《寓言》）

至言去言，言而无言，因言已入于道，道之“无”化解了言之“有”，是故知而无知，不止于其所知；为而无为，不止于其所为。如此，精神活动便可发挥至极点。知“道”之知往往流于言语之辨明，这是一般人之所以“人而不天”的缘故，而古之人知道不言，以言合道而默然，故能“天而不人”，乃超越于世俗之上。得意忘言，乃由于得道运道而以道消解

“意”之为害，使“意”与道合，当可于得意而言之际，忘其所言，言而忘言，乃通过语言以入道，并非闭口不言或装聋作哑。

至于齐物，则已超然于语言之上，超越了言与不言之“不齐”的对立；破此“不齐”，乃齐物最主要的工作。完成了这项工作，吾人语言的功能于是达到巅峰。有言传达“所知”，无言则追究至“所以知”，并以“所以知”转“所知”，如此，能所双运而两忘，所言终不妨其所以言，所知终不害其所以知。言与不言、知与不知的对立皆在道中，皆可以道之根本理则予以消融。道非知识之对象，然知识之对象尽在道中，知识由此获致无穷之理趣，任何知识若能不损此无穷之理趣，终可回返大道，施展其表诠大道并以证成生活经验的功能。

庄子齐物之为知识之理想、生命之理想，乃在知与不知、言与不言、齐与不齐之间不断转运吾人生命之创造力，理性之光乃得以大明。庄子的语言批判、思想突破与生命超升，终于其最后最高之辩证——大同之辩[①]，至此，知而不知、言而不言、辩而不辩、为而不为，一切生命之活动皆返其本原，善处道中而体现其所有意义，如此，一切互通为一，故可见

---

① 郎擎霄认为庄子的辩证法有三大要旨：一、是非之辩，二、相对之辩，三、大同之辩。是非与相对终归于大同，大同为“达观大本”，乃彻底解决论争之道。郎氏又认为庄子以二法止辩：一、以明，二、通一。笔者以为以明和通一仍在大同之辩中，乃止而不止之思想超越。郎氏的见解请参见郎擎霄《庄子学案》，台湾河洛图书出版社，1974年影印版，第193—202页。

庄子认知之最高境界即其生命存在的最后归宿。罗光认为齐物论之一（道通为一之一）为认识论之一，然究其原则，则来自本体论之一。[①]本体论之一即道之一。庄子之知识论、宇宙论与本体论同以“道”为立论之根本，“道”为庄子哲学义理统合的一贯要素。可以说，庄子的思想活动终于超语言文字的无尽止的心灵活动中，因此其生命活动一以贯之，其始无始，其终不终。

五、以明与道枢

面对语言，庄子断言：“夫言非吹也，言者有言，其所言者特未定也。”（《齐物论》）郭象注云：“各有所说，故异于吹。”[②]言吹有别，因人言起自成心，而成心限制了吾人之思想，亦限制了吾人语言本已有限之功能，一切争论由此起。许多争论“并不是事实的争论，而仅仅是字面的争论”[③]。事实的争论终可平息，因事实之意义源自道，有其根本之平等性，而字面或语言的争论则愈争愈离道，因文字语言的意义极易遭到吾人偏邪之意愿所扭曲。所谓“道隐于小成，言隐于荣华”

---

① 参见罗光《中国哲学思想史·先秦篇》，台湾学生书局，1982年增订重版，第499页。

② 见郭庆藩辑《庄子集释》，台湾河洛图书出版社，1974年影印一版，第63页。

③ 陈鼓应：《庄子哲学探究》，作者自印，1975年初版，第95页。

（《齐物论》），道乃大成，小成为是非之两端。荣华是语言的浮华巧饰，使语言丧失表诠意义的功能。“故有儒墨之是非，以是其所非而非其所是。”在此，不必论及儒墨所是所非的理论内涵，单就儒墨是己非人的思想态度，吾人便可警觉：吾人极易为个人之立场与观点所限，因此无能自觉觉他，以破除彼此是非之争。如此，事实的真相便遭湮没，真理之大全乃无由显豁。

庄子于是提出“以明”之道：“欲是其所非而非其所是，则莫若以明。”（《齐物论》）对此“以明”之道，郭象的注和成玄英的疏值得参考。

> 夫有是有非者，儒墨之所是也；无是无非者，儒墨之所非也。今欲是儒墨之所非而非儒墨之所是者，乃欲明无是无非也。欲明无是无非，则莫若还以儒墨反覆相明，反覆相明，则所是者非是而所非者非非矣。非非则无非，非是则无是。(郭象注)
>
> 世皆以他为非，用己为是。今欲翻非作是，翻是作非者，无过还用彼我，反覆相明。反覆相明，则所非者非非则无非，所是者非是则无是。无是则无非，故知是非皆虚妄耳。(成玄英疏)[①]

① 见郭庆藩辑《庄子集释》，台湾河洛图书出版社，1974年影印一版，第65页。

郭象和成玄英都把诠释重点放在“反覆相明”。儒墨双方代表一切对立之双方，儒之所是由墨之所非予以取消，而墨之所是则由儒之所非予以取消，此即“所非者非非则无非，所是者非是则无是”。由有是有非至于无是无非，乃是对“是非”作后设的省思，以明彼我之立场及是非之观点其实不必为对立之格局所限，如此由是非之形式至于是非之内容，皆可一一化入于无彼无此，无是无非的根本原理——道之中。反覆双方之立场是破是非之妄的基本方法，而双方之立场所以能反覆，因双方同在道中，道本无是无非，以此道之本收摄道之末——有是有非之末，其实是体用相即、本末无殊的原理之运用。对立之立场得以反覆，双方即可在对立的关系中互相包容，彼此便可设身处地，作“同情的理解”及“交感的呼应”，进而转换彼我之立场，以破因执彼我立场所造成的思想迷障。此是“彼之所对”，彼是“此之所对”，彼此同为“所对”，对立之关系其实是一互容而可进以结合的关系。任何一方皆可因以我为他而破我执，因以彼作此而不自外于彼。物物皆自为“我”，皆被见为“他”，我他与彼此皆纯属形式概念，并无实质意义。而自见、被见及相见皆在“相互的主观性”中，相互的主观性以其共生的真理内涵能不断取消所有空洞的意念。如此，各认知主体乃在互动的关系中相照明，共同运作各种认知观点，共同试探各种认知角度，以共究真理之深度、广度及无穷的可能性。在此，生命的丰富的有机性提供吾人思想丰富的有机性，思想乃能畅通无阻，理性之大用乃能大显。其间，后设的省思与相互的沟通须同时进行。由此亦可见：彼此对立之立场有利亦有害，若能善加运用，实有助于人人在思想历程中自我求进，并相互往还以共进于道，在思想的超升中作更密切的结合，而此密切的结合则极有助于彼此共同的生命超升。庄子以“以明”明吾人思想之盲点，其所展现的开放精神，原与道的开放性同根同源。

“以明”大破是非之妄，尚可从底下几个角度向无是无非的智慧核心推进：

1. “物无非彼，物无非是。”“彼出于是，是亦因彼。”（《齐物论》）物物各具“彼”“是”之立场与身份，这两种立场与身份是平等的，彼是平等，不是物与物在存在内容上有着混同的单一性，而是物物以道为共生之场，物物以“彼”“是”相待，相待于相因相生的大系统中，任何一物绝不能自外于他物，自外于他物之物将自绝其无限之生机。等视彼是之认知角度，将可平等对待每一认知对象，同样尊重每一认知者及其认知之所得，如此破是非，而仍有无数可是可非之可能，这就是“以道观之”的认知的超越。

2. “方生方死，方死方生。”（《齐物论》）生死不过是时间流变的现象，《大宗师》明言：“死生，命也，其有夜旦之常，天也。”生死如同昼夜，虽为自然之定数，然其新旧代谢，循环不已，则显示了生命的连贯性，生死之间并无吾人可加以分析的任何间距。生死一同，同显生命之丰富理趣。而生死观念所演成的大是大非，依然可经由“以明”，两而化之、兼而顾之，从生命现象直超入生命本体，此一戡破生死，乃由理智作前导，而经无数之修为所成。

3.“方可方不可，方不可方可。”（《齐物论》）吾人判断之两极，亦为“以明”可以运作的对象。肯定与否定各依一定之前提，各经一定之推论，而其前提与推论皆在道所集结的各项认知因素之内，它们彼此可以互通，并作各种转换，故肯定与否定都不是绝对的，它们同样可经由相因相生相待的关系在知识的流转中互作符应。事实流变不定，以事实为对象的各种判断当有彼此交相运作的各种可能。同时兼顾肯定和否定这两个认知角度，自可展现理性之全面向度，而除去执一不化的意念陋习。

4.“彼亦一是非，此亦一是非。”（《齐物论》）是非起自封闭的理智系统，乃是终结性、固定性的判断，且已黏滞于反理智之开放性的诸多意念意愿中。理论系统一旦开放，是非自然平等展现，而无不可是，无不可非，如此，是非之为判断之终结，便无任何之必要。各种理论有各种是非之系统，若吾人平等视之，且予无限之包容，则其间之对立将自然消失，理论系统之全面开放势必演成理论系统之全面发展，则知识整合的理想当可在开放的心灵中逐步实现，而全知之人的出现就有其基于道的原则性之可能及实在性之可能。

此“以明”之道，乃以自然之天则照明心物交应、是非两行的主客互动之场，是所谓“照之于天”[①]。成玄英疏云：

---

① 林云铭训“照之于天”：“鉴之以自然之天则也。”意义十分切当，唯心能明鉴，唯自然可作明鉴之根本理则。参见《庄子因》，台湾兰台书局，1969年初版，第61页。

“天，自然也。圣人达悟，不由是得非，直置虚凝，照以自然之智。”[①]此“照之于天”的自然之智是“以道观之”的智证工夫，它通达一切知识之根本，《天地》云：“知通于神，故其德广。”以广大之知容物，乃道虚之作用。德广足以化物，化一切之对立，道虚足以容物，容一切之是非。如此转有是非之成心为无是非之道心，从对立之境入于绝对之境，彼此不相害，是非不相妨，“终不夺有而别证无”[②]，一切之能知与所知自成相待系统，自行安顿于大道之中，而共趋虚凝之至无之境，以体现大有，以成就大生。如此提神太虚，乃心灵逍遥之游。

庄子于是全心向“道”：“彼是莫得其偶，谓之道枢。枢始得其环中，以应无穷。是亦一无穷，非亦一无穷也，故曰莫若以明。”（《齐物论》）以道为是非之枢纽，是非之间便莫得其偶，其对立性自然消失。是非如环，道处环中，如此中道之观自可应付无穷之知识课题。道超是非而转是非，“以明”之道即在此。是非之无穷性隐示一无穷理境，无穷理境通贯一切之是非，是非之无穷正成其理境之无穷。明是非之无穷性，可当下破解是非之对立性；知识的难题促使吾人一心向道，而达到成玄英所谓“彼此俱空，是非两幻”的境界，这是庄子善用知识之吊诡性的结果。而当吾人一切心思皆贯注于道，自可衍生心灵丰富之系统，并因此提高心灵之主动性，这是庄子所以能全心求道行道而以道为生命之中枢的实在缘由。

---

① 见郭庆藩辑《庄子集释》，台湾河洛图书出版社，1974年影印一版，第67页。
② 见郭庆藩辑《庄子集释》，台湾河洛图书出版社，1974年影印一版，第67页。

吾心既已解放于有限知识之外，自可超越于析辨的逻辑之上。在此，庄子是以通神之知超越析物之知，一方面，“不以知穷德”（《缮性》），另一方面，“知彻为德”（《外物》），析物之知无以穷德，而通神之知则能彻知成德，突破任何所知之障，以发挥吾人广大之心能。是故庄子不坏知识之逻辑性，而自逍遥于其外。吴康云：“天地一指也，万物一马也，推类以往，悉同斯例。凡以明是非可否，由人而生，返之自然，初无分别，则‘以明’之所致也。明乎此，则所云指马，乃庄子独立示义，初与公孙之论无关。”[①]庄子借名家之辞，展现自家之义，“天地一指”“万物一马”皆是超越认知之真实所见，有无限之实存义，亦有崇高之境界义。至此，庄子仍以自然为最高之知识判准，“物固有所然，物固有所可，无物不然，无物不可”（《齐物论》），“然”指向平等的事实，“可”指向平等的认知，庄子以此取消所有低于道的是非标准，进而从此个体普遍的平等性直指超越世界。“除非将个体存在之范围予以扩大，纳外在条件为内在已有，个体即必受外在控制，而丧失其内在自由。”[②]庄子齐物之目的即在纳个体存在之条件为其存在之内涵，以扩大其体现个体价值之范围。存在条件的外在性可由道枢转之，由外而内，进而内外无别，以成其生命之一体性，这就是争取生命真自由的奋斗过程。

---

① 吴康：《老庄哲学》，台湾商务印书馆，1969年修订台七版，第98页。

② 参见方东美《中国哲学之精神及其发展》（上），孙智燊译，台湾成均出版社，1984年初版，第192页。

因此只要吾人能善体自然，不离真实之自然，即不离生命之真实。生命之真实有其一致性、一贯性及一体性，道通生命为一，“其分也，成也；其成也，毁也。凡物无成与毁，复通为一”（《齐物论》）。物可通而为一，故物可齐。“通”是变与不变的和谐，物在变中朝向齐一之境，不变是道枢。对吾人生命而言，不断的自我保全自我整合，才能使吾人生命得以不断“复通为一”，而获致平等与自由。生命即是一不断抗拒分裂的过程，生命自有其不断整合为一的潜能，与己整合为小一，与人与物整合为大一，如此吾心将正而不偏，吾情将畅而不滞，所有人生的价值就可在此心此情的护持之下避免颠倒错乱。众狙之朝三暮四、朝四暮三，意谓俗人之自误于名数之间，而不明道通为一的绝对标准。老子叹道：“下士闻道，大笑之。不笑不足以为道。”（《老子》第四十一章）道之可笑，反映真正可笑的是世俗价值之颠倒错乱，而以道眼观之，只要能自觉价值所以颠倒错乱的因由，立可扶正价值之走向。笑里暗藏人生严肃之意味，在相对价值中，不断进行调整，而不以绝对之价值强行压制，如此，才可能给予生命平等自由之精神广大的实现领域。庄子齐物之论即其价值之论，他给予所有的相对价值同等的分量，其实已预设一条开放向绝对价值的生命道路。

为了能安然通过一切相对性并保住一切相对性，庄子提出“天钧”“两行”之说：“圣人和之以是非而休乎天钧，是之谓两行。”（《齐物论》）成玄英疏云：“天钧者，自然均平之理也，夫达道圣人，虚怀不执，故能和是于无是，同非于无非，所以息智乎均平之乡，休心乎自然之境也。”[①]又云：“不离是非而得无是非，故谓之两行。”[②]由此看来，“天钧”“两行”之义和“以明”“道枢”并无不同。“天钧”强调均平之理及齐一之境，因均平而齐一，由理到境，乃一贯之道。“两行”和是非，是和不是合，和是关系的调整，而若强行合之，则可能造成关系的破裂。林云铭解“两行”，云“两行而无分别”[③]是由分别而无分别，“无分别”指最高的和谐，是心无分别，而非物之混同。庄子以“无分别心”从有心到无心，从有言到无言，他不断超越语言命题，正如维根斯坦所云：“我的命题在于向任何了解我的人阐述如下：当他以它们为阶梯，爬过它们之后，毕竟认知它们为非意含的。他必须超越这些命题，然后他才能正视世界。换句话说，他爬过去之后，必须舍弃这阶梯。”[④]庄子深谙“超越”的必要性，而其转命题之意含为非意含，则以其“以齐齐不齐”的方法，以价值的超越为主要导向，并不多作逻辑之解析，庄子得鱼忘荃、得意忘言、得道忘知，是不断在舍弃语言的阶梯及思想的跳板。他不断以后设语言摆脱语言的束缚，并不断发现语言的谬误。他不预设逻辑前

---

① 见郭庆藩辑《庄子集粹》，台湾河洛图书出版社，1974年影印一版，第74页。
② 见郭庆藩辑《庄子集释》，台湾河洛图书出版社，1974年影印一版，第74页。
③ 林云铭：《庄子因》，台湾兰台书局，1969年初版，第64页。
④ 见维根斯坦《逻辑哲学论丛》，陈荣波译。译文刊于《语言迷宫的向导——维根斯坦》，陈荣波译著，台湾时报文化出版公司，1983年初版，第209—210页。

提，驳斥截头去尾的因果论，任思想大开大阖，唯以道为依归。道不是外于吾人生命的条件组合，而是集结一切意义与价值而成的一大整体，此一大整体并非一般性之结构，故理智之分析无能予以解体，情感的涣散亦无能予以动摇。庄子是以真实生命高标物齐之大义，其圆融妙谛在其“天地与我并生，而万物与我为一”的涵摄系统中，可以作全心的观照，而完全摆脱逻辑推理的窘境。

故说以明、道枢、两行等为庄子之认知方法，须慎予斟定，因它们指向物之全体，以道为唯一的衡准，而不自足于有限之知识。可以说，它们并不生产知识，它们旨在校正认知的方向、调整认知的态度，而达到认知的最高境界。庄子是以艺术的修养来看待吾人之认知作用，是以天地不言的大美来确保吾人论议之有得于事物之真相，即在完整的生命美善中，不断照见生命之全真纯真。至于道是否可能成为吾人认知的标的，就不是困在所知障中的理智可以得其详。庄子善转有限之知，以有限之知逼显无限之知，他也善用无思无虑的“无知”状态，以破解自以为知的小知所形成的所知障。

《秋水》“以道观之”的“观的哲学体系”①是齐物哲学的高度发挥，完成了庄子的真理论。

---

① 邬昆如认为庄子的认识论为一“‘观’的哲学体系”，他在《老庄哲学“观”的研究》一文中说：“‘观’的哲学体系一开始就是道的圆融作为指导原则，从道开始，经由道的过程，最后再复归到道，人的知识才算真知，人的本体才是真人，人的看法才是真观，才是智慧的保证。”见《第一次世界道学会议会前论文集（1）》，第82页。

以道观之，物无贵贱；以物观之，自贵而相贱；以俗观之，贵贱不在己。以差观之，因其所大而大之，则万物莫不大；因其所小而小之，则万物莫不小。知天地之为稊米也，知豪末之为丘山也，则差数睹矣。以功观之，因其所有而有之，则万物莫不有；因其所无而无之，则万物莫不无。知东西之相反而不可以相无，则功分定矣。以趣观之，因其所然而然之，则万物莫不然；因其所非而非之，则万物莫不非。（《秋水》）

邬昆如云："这种'以道观之'的方式，与《齐物论》的'照之于天'几乎是同义的，都有'对立统一'（Coincidentia Oppositorum）的功能。"[①]在"以道观之"的基本前提下，所有物之差殊性皆可成为认知的对象，所有的认知皆可统合于最高之认知。因差殊性同具遍在性，故对差殊性之认知是平等的，由此可见物物之平等性，物物之平等性并不取消其差殊性。"对立统一"为理性之功能，以明、道枢、两行等都在发挥此一功能。"对立统一"可从理性的范畴扩大至存在的范畴，乃真理在存在层级中不断地成全。"以物观之""以俗观之""以差观之""以功观之""以趣观之"等正是为了助成"以道观之"之整全观，其中包含无数可以互转互通之境界与层次。在"以道观之"的统合之下，如此观法有无穷之可能。一种观法

① 见《第一次世界道学会议会前论文集（1）》，第78页。

代表一种实际之认知层次与角度，而于其中平等遍布道之意义。道之意义使所有的认知层次与角度在对立中获致统一，所有认知之殊异内涵并不碍理性之大统一；可以说，道的意义使所有的认知终于统合。

普遍真理是有其体现于吾人生命中的可能，而吾人亦可得以自由选择自己的认知观点、认知角度及认知立场。在各种以存在事物为认知对象的“真理”之间，吾人可以作合乎认知理则的转变，而不为某一特定之观点、角度及立场所限制。由此更可见：庄子企欲破解的是我们对自我理智所得之概念的诸多黏滞，他不断进行后设的省思，即是为了开发吾人理性之光明，以照耀身陷重重黑暗中的生命。黑暗的形成，主要是来自于生命之自我陷溺于物之表象中，乃遮蔽了那胜过“十日并出，万物皆照”的道的光芒。道的光芒须由吾人理性的光明与内心的光明共同予以耀现。回返于道，即回返吾人生命之精神泉源。对庄子而言，此一生命之回返本真与知识的沦落下降，正好是双向的历程，一逆一顺，生命的种种活动于焉展开，而庄子哲理与文思的奥妙亦因此表露无遗。

六、天府与葆光——生命的精神泉源

“精神泉源”虽非严格的哲学词语，但庄子对此确有非常真实的体证。《在宥》云：“至道之精，窈窈冥冥；至道之极，昏昏默默。无视无听，抱神以静，形将自正。必静必清，无劳女形，无摇女精，乃可以长生。”此说虽已近于方士养生之说，但可由此肯定庄子的“精神观”与其修养论、认知论的密切关系。以神守形，即不以形知害神知，“无视无听”隐示认知的最高境界。庄子的“精神”主要有三义：一、人心之功能，二、生命变化之力，三、生命存在之根本。而精神有其三大功能：一、认知的统合，二、价值的统合，三、存在的统合。此三大统合皆统合于道，皆由道进行统合之历程。精神所以有各种统合的功能，即因其本身具有“根本”“归宿”“泉源”等主要意义。生命以精神为根本为归宿为泉源，对庄子而言，殆无疑义。

庄子在追溯吾人生命的精神泉源之际，明白指出“道之所以亏”的知识的沦降历程：

> 古之人，其知有所至矣。恶乎至？有以为未始有物者，至矣，尽矣，不可以加矣。其次以为有物矣，而未始有封也。其次以为有封焉，而未始有是非也。是非之彰也，道之所以亏也。道之所以亏，爱之所以成。（《齐物论》）

认知的最高境界是“以为未始有物”，“未始有物”指本无之道体，故“以为未始有物”其实是“无以为”，是以理智之体符应道之体，至于与道冥合，无能无所，至此，所有的认知内涵全为第一原理所收摄，故云：“唯达者知通为一。”（《齐物论》）这是一切知识的源头，亦精神之源头。由此以降，至于“以为有物”，则有了“物”作为认知之对象，只是此物“未始有封”，尚未有所分化。物未分化，知识即未分化，有之为有，乃是未生万物之“有”[①]，即存有自身。由此再降，至于“以为有封”，物已分化，有已化为“众有”，已可运用逻辑之各种律则及知识的各种方法加以分析，而所得者即分析之知识，可供吾人论而议之，议而辩之。不过，这仍是吾人理智本然纯然之功能，虽其已不断进行足以引发价值活动的各种判断。再接着下来，便落入吾人的意志活动中，是之以为是，非之以为非，“以为有封”的知识助成是非之肯否，进一步则涉及情欲活动，爱己之所是而恶己之所非，于是知识成为情欲之工具，判断为认知者之主观意志所左右，纯然的客观的认知心态已不复存在，至此，无名无形无用的道已几乎为吾人的认知心所摒弃。

庄子为了自知识所导致的生命困境中解脱而出，乃极力摆脱对吾人认知心有害的“名”“形”“用”等概念，以使认知活动回归知识之本源——道。庄子之所以大倡“无名论”，其主旨亦在此。他用名而贬名，便是为了超脱名，名指一切由概念

---

① 《老子》第四十章：“天下万物生于有，有生于无。”未生万物之有来自无，“有”尚未发显“生”之作用，此“有”处于“母”之状态，即有之为有的“一”的状态，它有“物”名，乃是“有名”，但尚未有万物万有之众名。“有物”不等于“有万物”，庄子此一析辩似比老子更进一层。

集结成的语言文字，对道德修养有害的“声名”亦属名的一种。“名者，实之宾也。”（《逍遥游》）实为名之主，逐名则离实背实，以至于离道背道。“德荡乎名”（《人间世》），对声名的追求乃是道德的大害。庄子由名转向“无有无名”的泰初之境，并不是要吾人停止一切的认知活动，而是要吾人的认知活动转向存有之本源，由“所”向“能”，再由“能”向“能”之源，以指向存有自身、生命自身，这是将一切知识之作用回归知识之本体，“是故滑疑之耀，圣人之所图也，为是不用而寓诸庸，此之谓以明”（《齐物论》）。不用而自用，理智自用，其光不耀，而用用回体，知德相应，知乃自明，“用虽万殊，历然自明”[①]乃生命德能之返体自照，如此知识之层级大通，知识之方向则殊途而同归，知识之为工具，便将不碍吾人向“夫大人者，与天地合其德，与日月合其明”（《周易·乾卦·文言》）的境界前迈。不矜己能，不耀己明，将小有转入于大有，将小我转入于大我，这是一种“精神的洞见”，精神的洞见在洞见知识于精神的无穷开放性中，无所执持，而不以其固定之知识结构妨害吾人进向道境的自我超越，如此，是人在真理之中，而真理并非只是理智的产物，乃是生命之真、存有之真，“真”成为生命存有之超越属性，由真入有，由全真入全有，庄子的真理乃生命之光辉，人真物亦真，《庚桑楚》云：“宇泰定者，发乎天光。发乎天光者，人见其人，

① 郭象注“以明”，见《庄子集释》，第78页。

物见其物。”一切都在真理的光照中，天光即是道的即体显用，亦理性之全体大用，一切物用乃全在道用之中，故云：“庸也者，用也；用也者，通也；通也者，得也。”（《齐物论》）得者得道，用者用道，通者通于道；贯以道，则无不得无不用无不通。吾人理性用道不用物，为道所用而不为物所用，真理乃常在而遍在，“真”为道之根本价值，吾人生命在真中可以与道永合为一。

在此，无始无终的时间序列对认知之超越作了直接的保证，而从有到无，再从无到无无的超本体论更提供认知活动无尽止的超越的可能：

> 有始也者，有未始有始也者，有未始有夫未始有始也者。有有也者，有无也者，有未始有无也者，有未始有夫未始有无也者。（《齐物论》）

此一反知识沦降的逆推是不可能有知识系列的终点的。庄子在此有意陷逻辑推理于窘境，故照实呈现推理的“无穷后退”。而庄子不走这一条推理之路，反吾人对解析性知识的执着，乃以虚灵之心观照生命之真及存有之真，而直接与存有的无限性相即相应，直指老子“无名，天地之始”（《老子》第一章）。庄子更在此道的本体论及道的认识论上大作翻转：既已“无”而“无名”，又何“始”之有？乃于肯定道为“无”之际，同时大破“无”之为概念及“始”之为概念。在无穷的推理之外，庄子是已对吾人认知之过程作了彻底的清理，而不以“本体”为所知之境，其超本体论的超越意义主要在此。他以此超越，超离时间连续之相状，解脱因果连环之锁链，进入玄冥大通的道的世界。至此，生命大有乃得以大全，“天地与我并生，而万物与我为一”，一切生命独体相照，一切生命系统共融互摄。庄子乃叹道：“无适焉，因是已。”（《齐物论》）这是就生命论生命，就系统论系统，亦即就道论道。成玄英疏云：“故无所措意于往来，因循物性而已矣。”[①]所以能“因循物性”，因物性已入于道，而知已与道合。

对庄子的超本体论，吾人仍须有所诠定：

1. 超本体论不在主客、能所对立的认知系统中。若尚有主客、能所之对立，则认知的超越意义将无由体现。

2. 超本体论是批判性的认知活动，非一味地否定论或怀疑论。超本体论仍有其不可移除的前提：存有自身、生命自身、价值自身。超本体论旨在发现存有、生命、价值三者的基本而一贯的原理——道。运用此一原理，存有、生命与价值便可在吾人认知与人格修养的进程中合而为一。

3. 超本体论并不破本体论，而是为了彻底完成本体论，不使道之为有妨碍道之为无，不使“存有”的绝对意义落入静态的时空及有限的意识状态中，不使知识成为生命智慧的阻障，而使道为本体之意义永立定于动态生命历程中。

① 见郭庆藩辑《庄子集释》，台湾河洛图书出版社，1974年影印一版，第83页。

4.超本体论强调道作为生成原理之意义，而生成原理本具丰沛的生命意义。道为天地大有的生成原理，亦为吾人生命之超越原理。“为道日损，损之又损，以至于无为。”（《老子》第四十八章）“损之又损”即生命之超越，庄子循此“去德之累，达道之塞”（《庚桑楚》），更展现了勇猛精进的生命气魄。知识的沦降导致生命的沦降，而知识的超越引发生命的超越。此超越意义乃在知行相应的生命一体性中，超之又超，超其所超，而永不离道枢，因知行已于道中合一，为无为，用无用，知无知，生命乃在超越之中日趋圆融完满。[①]

庄子对老子“道之生一，一生二，二生三，三生万物”的宇宙生成原理，即以超本体论的超越观点，作了深层的诠释，并同时对道之为言（Tao as Language），作语言之分析，以超越一切二元之对立，以解决道在生成历程中所引发的问题，其中最棘手的就是道之在己与道之在吾人认识，这两者之分合所构成的根本的吊诡。故有论者谓庄子对老子作了创造性的诠释，并称庄子为语言分析专家，而以“超形上学”彰显道的形上意

① 方东美析分形上学为三态：一、超自然（即超绝）型态（Preternatural），二、超越型态（Transcendental），三、内在型态（Immanent）。他认为中国哲学的本体论为“超越型态之形上学”，本体既超越又内在，从而建立一套内在型态之形上学，因此中国哲学避开了超自然形上学可能导致的二元论。就超本体论之立场而言，老子的道乃是无限真实之太一或元一，道之体相用浑为一体，而入于无，老子即以“无”建立一套超本体论系统。关于方东美此论见，可参阅他所著《中国哲学之精神及其发展》（上）中译本第27—54、169—206页及《生生之德》第283—320页。笔者认为庄子以“无无”再超越老子之“无”，其超本体论之色彩似更浓厚，而其本体（道）之内在性也更为明显。

义。[1]在此，吾人当可发现庄子以“无无”解决了“有”与“无”可能引生的二执二分，将吾人从思想之自我禁锢中解放出来，而以不偏不倚的中道观体道行道；一方面在“有”的系统中不断实现道的生成义，一方面在“无”的超越的思维中不断完成道的终极义。如此，有无双运，道为本根的绝对基设（Absolute Presuppositions）除了具有本体论与宇宙论的意义，也同时足以突破形上思辨的种种问题。“无先于有”或“有生于无”，证成道为本根的原始命题；而由无再至于无无，最后以“至无”的无穷义涵消解一切由“有”“无”所肇致的言与不言、知与不知等问题，这对吾人从认识到实践的修为有直接之助益。庄子之自人心上转为道心，自机心上化为无心，皆是“有无相生”之超越原理在吾人生命中的实际运作，而道之遍在性及无穷性也由此开展。庄子善解存有与意识之关系，即由道心之体道而不执道为体的虚灵作用加以掌握，这便是“有无相生”的超越的功能，故可说：“有无相生”为齐物论之基本

---

① 傅伟勋在《老庄、郭象与禅宗——禅道哲理联贯性的诠释学试探》一文中，引《齐物论》这一段文字：“既已为一矣，且得有言乎？既已谓之一矣，且得无言乎？一与言为二，二与一为三。自此以往，巧历不能得，而况其凡乎！故自无适有以至于三，而况自有适有乎！无适焉，因是已。”他认为庄子以此诠释老子“道生一，一生二，二生三，三生万物”此一有关“道原”的吊诡语。于是他说：“庄子在这里不但充当（东西哲学史上）第一位语言分析专家，消解‘道原’为‘道言’（Tao as Language）问题，同时已暗示着一种超形上学的突破，我们在这‘突破’可以发现庄子哲学的深层结构。”又说：“庄子的超形上学的突破，首先揭开了超形上学（不可思议，思维的超绝）与形上学（存在思维），道体（终极存在）与道原（存在彰显），以及无名无言与有名有言之间的吊诡奥秘。”以上参见傅伟勋《从西方哲学到禅佛教——“哲学与宗教”一集》，台湾东大图书公司，1986年初版，第409页。

原理，对“无”的后设的省思，开发了道的超越的形上义涵，以及万有的超越的属性，而不执有不溺无的中道精神，当是庄子认识论及实践论的一贯风格，庄子对知识及语言的态度，可以从此有无之辩证加以斟定。

庄子一如老子，不走“为学日益”（《老子》第四十八章）的路子。他对积累性的知识活动采取十分保守的态度：“六合之外，圣人存而不论；六合之内，圣人论而不议；春秋经世先王之志，圣人议而不辩，故分也者，有不分也；辩也者，有不辩也。”（《齐物论》）面对分而不分的事实世界，庄子不愿意多作分析，更尽量避免作价值之判断，而设法让物物自显自明，并因此了然知识之限度。当然，其知识系统仍有十分明显的层级：“存而不论”指向“未始有物”，“论而不议”指向“未始有封”，“议而不辩”指向“未始有是非”，至于一般之思辨则已入于是非之境。由此看来，知识的意义有高低之无穷级距，庄子企图从低处向高处，遥指道的超越意义，因此他认为“知止其所不知，至矣”（《齐物论》）。止于所不知之知乃至高之知，所不知者是道。道的超越意义使知止于道之知完成了知识意义的穷极过程，这是一种高超的生命涵养，由知转德，再以德照应知，知德于生命中合而为一，吾人乃能在道中体现生命之理想。

至此，庄子进入玄妙的密契经验中。“孰知不言之辩，不道之道？若有能知，此之谓天府。注焉而不满，酌焉而不竭，而不知其所由来，此之谓葆光。”（《齐物论》）不言而能辩，不道乃是道，一切语言文字之意义完全统合于道，如万川入海，入于自然的府藏中，此自然的府藏即生命的精神泉源。郭象注云："任其自明，故其光不弊也。"[①]成玄英疏云："至忘而照，即照而忘，故能韬蔽其光，其光弥朗。"[②]光是理性之光、生命之光。因自明而有光，因有光而见生命之真，这是见道得道的历程，是认知的自我超越，"即照而忘"是在得一知识产物之际，立即以高一层次的悟性知见超越之，而不为此一知识产物所限所困。庄子是置身于理趣洋溢的道的世界中，难怪他会叹道"不知其所由来"。道使任何认知过程皆无所由来，唯由道来，吾人之认知是有其如同道所具的自本自根性。

《天地》象罔得玄珠之喻，与此"天府""葆光"异曲同工。玄珠喻道，道乃知识之宝、人生之宝；象罔无心，故能得道；有心有知，便落入一曲之见中，而与道无缘。所以无心，是为了与道合，与生命之精神泉源相会通。无心之所无，乃在去除对知识的执着、对概念的拘滞及对意志情欲活动的沉溺。《知北游》云："精神生于道。"道生精神，然吾人不知其所由生，因一切生命皆在精神所本的道中，精神使道于生就殊别的物性之际，不致陷落其中。生命由精神变现，故生命莫非精神之生命，生命之精神性使生命不致为物之有限性所限，亦不致为物之变化性所困。生命之精神使吾人之认知活动永在生命一

① 见郭庆藩辑《庄子集释》，台湾河洛图书出版社，1974年影印一版，第89页。
② 见郭庆藩辑《庄子集释》，台湾河洛图书出版社，1974年影印一版，第89页。

体性中，永向大通之境，吾人又何必于其间拘执知与不知：“庸讵知吾所谓知之非不知邪？庸讵知吾所谓不知之非知邪?”（《齐物论》）成玄英疏云：“知即不知，不知即知。”[①]道取消了知与不知的界限，这不是反逻辑，而是超越逻辑的立足点，来看待认知的功能，并以发现知识真正的意义。对知与不知无所措意，便能进行精神之解放。在道的全面照应之下，知与不知无所分别，乃有别而无别。就低层次的意义而言，知与不知有别；而就高层次的意义而言，此一“有别”已然丧失其意含。“无分别心”如此向上超升，终于对“生死”无所分别，超越吾人坚持生死有别之概念。“至人神矣！大泽焚而不能热，河汉冱而不能寒，疾雷破山、风振海而不能惊。若然者，乘云气，骑日月，而游乎四海之外。死生无变于己，而况利害之端乎!”（《齐物论》）生死变化不过是道在形器世界中无数变化之一环，只要不离道，生即不生、死即不死。庄子确信精神生命无所谓“死亡”，他取消“死亡”之意义的高明手法，在《齐物论》及《逍遥游》两篇中皆有精彩的表现。他不是以永生破死，他一方面保留生死变化的“现象的意义”，一方面则以道的本体以至于超本体的意义超越之，使此一生死现象的意义终归于“无意义”，因唯有“道”能赋予生命意义。故庄子不论生前死后的世界，却能通过生死变化，以至于“死生无变于己”，虽有生死而无所变，无所变的是生命的主体、精神的

① 见郭庆藩辑《庄子集释》，台湾河洛图书出版社，1974年影印一版，第92页。

主宰，庄子有关真人至人的神话即在显示精神之为生命主体之根本义及永恒义。

七、蝶梦与物化——生命之觉悟与超升

至人的境界乃是生命超升的境界，至此，齐物论已在生命超升的历程中达到与逍遥游同样的高度，这是真知的效应，亦是精神的锻炼。“众人役役，圣人愚芚，参万岁而一成纯。万物尽然，而以是相蕴。”（《齐物论》）经心灵知行并进的长久淬砺，生命终于去芜杂而成精纯，顺合化变而一变化，终回返“万物尽然”之自然与统一，多复归于一，终保全生命之为一。“体道之士，忘知废照，芚然而若愚也。”[①]既已体道而与道合，又何愚之有？谓之“若愚”又何妨其玄冥之智？此种似愚而智的吊诡，老子已先用之：“众人熙熙，如享太牢，如春登台，我独泊兮其未兆，如婴儿之未孩，儽儽兮若无所归，众人皆有余，而我独若遗。我愚人之心也哉。沌沌兮。俗人昭昭，我独昏昏。俗人察察，我独闷闷。”（《老子》第二十章）体道之士不仅能洞然于知识之吊诡，更能穿越生命之吊诡：

① 成玄英疏解“圣人愚芚”，见《庄子集释》，第102页。

梦饮酒者，旦而哭泣；梦哭泣者，旦而田猎。方其梦也，不知其梦也。梦之中又占其梦焉，觉而后知其梦也。且有大觉而后知此其大梦也。而愚者自以为觉，窃窃然知之。君乎，牧乎，固哉！丘也与女，皆梦也；予谓女梦，亦梦也。是其言也，其名为吊诡。（《齐物论》）

这不是消极的一味感叹“人生若梦”，而是企图在梦与觉之间参透生命的消息。梦其实无所梦，故觉其实无觉。大觉得道，此是不可稍息的无穷历程。得道无言，故吾人不可以言语概念拘执于某一“梦”或“觉”的情境里。大觉永在觉悟的过程中，因梦有觉，借假修真。梦觉不只是时间连续状态中刹那之所得，而是生命无穷境界中层层之所现，故“吊诡”不只是对人生怪诞的描述，更隐示生命艰难之辩证，非以吾人全副之心力赴之不可。穿透梦觉之分际，即可戡破生死之分际，这又是“自然”的即体大用，所谓“万物一然”，“无物不然”，故能“参万岁而一成纯”，贯时间而成就一己之生命，永葆生命质素之纯真，乃是“一变化而常游于独者也”[①]。生命之成由道成，而此生命成就古今如一，人我无殊，已不再有价值高低之判，故郭象注云：“道行之而成，则古今一成也。”[②]

在此由梦而觉，由小觉而大觉，以迄觉行圆满而入于道的生命超升历程中，庄子不承认有真正的仲裁者。唯道能仲裁是

① 郭象注“参万岁而一成纯”，见《庄子集释》，第102页。
② 郭象注“参万岁而一成纯”，见《庄子集释》，第102页。

非，此仲裁已非一般之仲裁，因道本无是非。破此“仲裁者”的概念，不仅可避免思想之专制，不至于落入一更难破解的是非困境，而且可以保证思想的无穷性能在生命的开放性中，展现以道为最后归趋的动态路向。因此，庄子主张“和之以天倪，因之以曼衍”以解决一切因是非而起的争端。郭象注云：“和之以自然之分，任其无极之化，寻斯以往，则是非之境自泯，而性命之致自穷也。”[①]任物自然，而自然之化一往无极，如此由“是非之境自泯”至于“性命之致自穷”，以无穷之知识系统开发出生命系统之无穷内涵，其中并不需任何是非之仲裁，而思想之调和乃在自然大化中进行，任何一种思想自有其终归于道的理趣，故可并行同运，不相妨碍。至于思想之调和足以导致生命之调和，乃是庄子修养论的主要根据。他是以无穷对付有穷，以无限对付有限；置身有限的时空中，以“无何有之乡”为其生命之理想归宿，而设法逐步化除生命之有限性，在有穷之境展现生命之无穷性，借有限之物具现精神的无限义涵。如此浑同生死，齐平是非，两行无碍，一切终入于无无玄境。至此，相对之有归于绝对之无，道之体用一时俱现，一多于焉无碍，同异于焉相即，一切事物相需互摄，一切条件如因缘流转，生而不生，灭而不灭，似已有佛家“无尽缘起”

① 见郭庆藩辑《庄子集释》，台湾河洛图书出版社，1974年影印一版，第109页。

的况味。[1]

至此，《齐物论》的脉络终于“忘年忘义，振于无竟，故寓诸无竟”（《齐物论》）。“无竟”指无穷的生命系统，是生命入于道所展现的无穷境界，穷年而忘年，尽义而忘义，知而后忘，故能穷年尽义，通过生命的时间性以体现生命的理想性与永恒性，此是真知所开拓的人生境界，《天地》云：“知通于神。”唯知能通神，通神之知能使生命之物质性为其精神性所转，此即“心能转物”，乃是真知之大功，如此，真知与吾人之生命精神永葆通畅之脉络，而使一切生命在精神大域中统合成“大一”“知大一”（《徐无鬼》），即知道，此知道之知已然贯彻一切之知，表现了生命主体最大之自由。庄子企图透过齐物之生命认知论使生命之主体性与万有的客观性浃化为一，以转此自然天地为美善之世界，吾人生命乃因此获致高度的精

① “无尽缘起”为佛教四种缘起之一，又名“法界缘起”，是华严宗的缘起法门，一切法互为缘互相起法。缘一法而起万法，缘万法而起一法。一多无碍，理事无碍，大小相融，一入一切，一切一入，一即一切，一切即一，而周遍法界，举一全收，同时具足，相需相摄，重重无尽，其义无穷。“无尽缘起”究极于“十玄缘起”之事事无碍圆融无尽的妙境，则已上达于佛法之最高义谛。杨政河在《华严经教与哲学研究》一书中如此解说：“华严宗所说明的是法界缘起，认为法界中的一切诸法，无不互为缘起，这是以尽法界的量来作缘起，因为法界的量无尽，故又称为无尽缘起。”（第414页）“无尽缘起”总括一切事物之关系，以一关系论一切之关系，以一切之关系论一关系，而将所有事物都放置在无穷无尽的关系中，以此看待精神生命的究极发展，其运用“关系逻辑”，已到了无与伦比的地步。庄子“振于无竟，故寓诸无竟”也采用同样的手法，将无量之物展向无量之生命系统。只是庄子之“自然”较富流转、循环的意义，而“无尽缘起”则旨在破实有自性，以真如心转一切物，其不动无变的精神目的较为显著。

神自由，而能在无穷的生命系统中自由发挥其生命意义，是所谓“振于无竟，故寓诸无竟”，一切因现象之形器限量所造成的隔阂与阻障于是一时俱破。

郭象解“忘年”为“玄同死生”，忘义为“弥贯是非”，并云：“至理畅于无极，故寄之者不得有穷也。”[①]畅于无极之至理即是道，至理畅一切之理，合一切之理，乃是道之本义。成玄英疏云：“既而生死是非荡而为一，故能通畅妙理，洞照无穷，亦无无穷之可畅，斯又遣于无极者也。”[②]无穷一无穷，无极一无极，连“无穷”“无极”之为概念亦须即时破解，亦不可存于心。如此生命便将如飞龙向天，永在“向天”的生命大运动之中，无待一无待，无心而自化。“周与胡蝶，则必有分矣。此之谓物化。”（《齐物论》）《齐物论》在此暂下休止符，其实一切并不休止，一切仍在无穷的动态历程中，物物有分、物物自化，因有分而自化，是物物自化于道，乃生命之自我觉悟与超升，而不是自然现象之流转与变化。成玄英疏云：“故知生死往来，物理之变化也。”[③]此“物理”非指一时一地一物之理，乃是全物全理，即全生命之理，它不是分析知见之所对，而是返本归宗的精神洞见。王夫之解云：“梦也，觉也；周也，蝶也，孰是而孰非？物化无成之可师，一之于天均，而化声奚有不齐哉？此以夺儒墨之所据，而使荡然于未始有无之

---

① 见郭庆藩辑《庄子集释》，台湾河洛图书出版社，1974年影印一版，第110页。
② 见郭庆藩辑《庄子集释》，台湾河洛图书出版社，1974年影印一版，第110页。
③ 见郭庆藩辑《庄子集释》，台湾河洛图书出版社，1974年影印一版，第114页。

至齐者也。”[1]“未始有无”乃至齐之境，而物所以能化，即在以“未始有无”之道统括一切之变化，故物化即至齐之境。由此可见，齐物始终不离道枢，不离平等而自由的生命精神，庄子是发挥了旋乾转坤的生命力，造就了“一桩齐同万物于精神升扬之伟大运动”[2]，此一伟大运动结合了思想运动与精神运动，终以高妙之哲理完成生命运动；在此生命运动中，生命之自化乃是全然主动的，而非随波逐流的宿命作风。在此，我们可引《天运》《则阳》等篇相关之文字作为佐证：

> 不与化为人，安能化人！（《天运》）
>
> 冉相氏得其环中以随成，与物无终无始，无几无时。日与物化者，一不化者也。（《则阳》）
>
> 夫圣人未始有天，未始有人，未始有始，未始有物，与世偕行而不替，所行之备而不洫。（《则阳》）

与化为人，人人在自然大化中，人人因得道而返自然，故自化而化他，自他在大化中化而不化；物化而一不化，因得其环中，不化者乃生命之道。故能无终无始、无几无时，因已守住生命之本真，恒定于生命之永恒大义，而能“与世偕行而不替，所行之备而不洫”。入世无心，生命力乃永不消退，生命

---

① 见王夫之《庄子通·庄子解》合刊本，台湾里仁书局，1984年版，第29页。

② 方东美：《中国哲学之精神及其发展》（上），孙智燊译，台湾成均出版社，1984年初版，第203页。

内容乃永远充实完满，这是修德的极致，亦即生命历程回归于道的大顺之行。

齐物论兼顾生命的觉悟与生命的超升。生命因觉悟而超升，因超升而觉悟，两两互动，其间遍布有机之脉络，吾人是可从任一层次任一角度进入庄子浩瀚渊深的义海中。故可见庄子之认知论不以认知为已足，亦不仅止于某一定义某一系统，其觉悟乃在悟入生命之本真，其超升乃向生命之理想作最大的努力，而两方面须同时并进，其间互动之关系须永远维持。

在畅饮甘美的生命活泉之际，我们尚可从庄子齐物哲学获致两点启示：

1.庄子的“有是有非”与“无是无非”并不自相矛盾。以“无是无非”取消“有是有非”，已超乎一般之逻辑思考。若停留在同一概念层次上，执持“无是无非”以无一种是一种非，则“无是无非”之为概念，并无实质之意义。如此，“无是无非”又怎能发挥其泯除“是非”概念之功能？故庄子之肯定是非与否定是非，须是在无数的概念层级中，不断以高一层的是非，取消低一层的是非，以一再撤除吾人思想之藩篱，至于最高一层的是非，则已无是无非，而其面对下层之概念，仍可大是大非，以除去无数之小是小非。面对一切行动的价值标准，吾人同样可以运用此一超越是非的方法，超越吾人行动之幅度，而终上达思想与行动的源头，即概念与价值共生的根本——道。道虽与物无际，所谓“不际之际，际之不际”（《知北游》），不际之际为物物之分，而际之不际则为大道之弥合万物；然以道观物或以物观道，皆有以道为标准的大是大非。放眼天下，莫不是莫不非，莫不是成其大是，莫不非成其大非，吾人乃能在大是大非的无穷义理中大死大活，展现真实之生命。故是非之泯除不是平面的扫除，也不是单方向的突破，乃是辩证的大包容，而此一辩证是无量而多向的。

2. 真实的自由来自思想的自由，而思想的自由植根于生命的超脱与心灵的解放。同理，理想意义的民主须以个体之独立性为础石，人人当体自足，进而在才性与德性两方面不断地自我超越。真民主是价值的真体现，真自由是心灵的真解脱。无道德即无真民主，丧失价值的内涵，生命即无真实之意义；无平等即无真自由，离开生命共同的立足点，自由将成浪漫的幻想。庄子以齐物之论发现平等之真谛，特别注重平等的精神义及根本性，而将平等的精神贯彻于千差万殊的个体生命之内，这未尝不是庄子齐物哲学对我们的重大启示。

综观本章，大体采取“以庄解庄”的方法，试图将齐物论本具的系统开展出来，故本章系统之设定及哲学语词的运用，尽量以庄学为准；在进行概念的诠释之际，同时顾及庄学之基本精神。

本章所分设的七个小节，即依循《齐物论》原有之次第。各小节之间有一贯的系统，是在庄子认知论的主要课题上，由“道枢”所开展出来的。由于庄子注重认知的内外、是非等问题，一方面又注重道之体、用及有、无等超越概念在认知系统中所发挥的作用，故庄子认知的超越，一方面是以满全自我生命为旨归，其系统是循环往复的；另一方面，则由下往上超升，其系统又是无穷无尽、无始无终的。这两个系统其实是一个系统，故本章各小节之义理环环相扣，在交应的发展情态中，又一齐趋向认知之目的。道的目的意义一直贯注于庄子的认知系统中，这是庄子认知论的一大特色。

在齐物的至高的理想之下，认知之概念与精神之意义以相即相应的关系逐渐朝向统一之境，庄子因此避免了知识可能之二分及生命可能之二分，而生命的有机性乃与思想的有机性始终相应，心灵的主动性即由此而来。所谓“生命的有机性”指的是生命在各种存在物的关系中的历久不衰的活动性，所谓“思想的有机性”则指思想在各种概念的关系中的历久不衰的活动性，两者乃一体相关的，庄子在这一体相关性中，一方面设法明白吾人之语言如何建构起“自我意识”，一方面则透过语言与世界的互动性、衔接性，建立了生命主体与主体间的关系，假我所以能破，物我所以能合，关键在此。

了解了齐物论所开展出来的创造性的认知系统，吾人便可进而确立真理的普遍性。庄子并未以认知的手段试图建构所谓的“普遍的真理”，而是以知德合一的超越性的生命涵养，将真理的普遍性具现于生命的真实性中。至此，思想语言的创化功能便可发挥至极点，而本体论的“体”“用”等意义就可在生命理性的无穷系统中，与认识论所设定的“体”“用”等概念相契合，一切生命之对立（最严重的是内外之对立）也就可在不断的创化活动中逐渐被消除。故可见庄子的哲学课题不仅是认知的，并且是精神的，“精神生命”的意义乃因此确立。卡西勒云：“所谓精神生命，正不外就是把一些本来是统一的予以分离，以便能够进一步以更为确实的方式，把这些被分离的重新结合统一。”[①]庄子之看待精神生命，注重的是分而后合的历程，其间有象征性的各种精神意义，其统一生命的确实的方式，由齐物论予以建立，而由逍遥游作高度的发挥。由此，庄子关注每一个个体，每一个个人，以及每一个个人的生活奥秘。对万物存在的具体性及个人存在的具体状况，庄子以“道”平等待之，不作有限的理解，而试图透过个体之存在，证实超越之可能；并透过人性之本质，体证普遍真理与个别经验的合一。从个人之为基本价值之主体，至“人而神”的精神的超越界，庄子是以齐物与逍遥的一贯进路，在整合各种差殊性的人的统一范畴中，达成由物理、生理、心理，以迄精神理趣的全面的了解与彻底的转变，而完成其结合认识论与本体论的一元系统。

① 卡西勒：《人文科学的逻辑》，关子尹译，台湾联经出版公司，1986年初版，第87页。

第九章

逍遥的生命境界论

由齐物论而逍遥游，由生命之认知而展现生命之境界，所以如此厘定庄子生命哲学的脉络，理由有三：

1. 生命发展的先后次第须予基本之尊重。无发展，即无生命；无次第，即无发展。在紊乱的生命秩序中，吾人实无法作理性之思考。

2. 生命之精神是普遍的、一贯的，可以有立即之成就的。生命发展之秩序即为阐扬此意义。唯有在此即知即行的生命精神引领下，生命之认知原则才能大明，生命之实践意理才能大显。

3. 齐物论侧重平等之意义，逍遥游侧重自由的精神；平等乃自由之基础，而平等须由理性护持，自由则在广大的生命领域中，展现生命真实之内涵。庄子的生命所以能获致究竟的解脱，终不落梦境与幻境，其故在此。

《逍遥游》为《庄子》首篇，全篇是一连串的故事，看似不甚连贯，然其寓言之一贯意理则昭然若揭：世上各种有生之物之类别、形态、生存能力及环境等虽互异，然生命存在之基本目标则有其一致性，基本立场亦有其旁通性。在各物之性分内，各物皆可作相当程度之“逍遥游”，此乃生命精神的普遍性所致，各种生命之所以能“各正性命”，其缘由亦不外乎此。庄子所以大引各种生命怪异之事，即为表现生命超卓之创造精神，并寓含戏剧精神于其中[①]。

叩就“逍遥游”一词，庄子开宗明义，大举挥洒其生命哲学之玄妙义理。可以说，整个庄子生命哲学乃在为生命之逍遥作准备，“逍遥游”有其极丰富的哲学意义，亦有一般哲学理论所共同企望的高度的理想性。逍遥之生命为庄子生命哲学最高之典范，它将生命之实存性提升至最高最真最纯的地步。逍遥之生命所体现的自由精神遍布《庄子》全书，逍遥之乐乃自由之乐，为庄子人生最高之幸福。[②]

郭象注“逍遥游”：“夫小大虽殊，而放于自得之场，则物任其性，事称其能，各当其分，逍遥一也。”[③]此纯以“自然”注逍遥，任性、称能、当分，皆是“自得”之具体表现，此亦即物物自然，足于所足的存在理境。若仅以此义解逍遥之游，似有受制于物能，受困于物理之可能，终究无法表现“自然”之真实义，也将无法完全展现逍遥物外的生命超越之风格与精

① 庄子哲学的戏剧精神在《逍遥游》流露无遗，此一戏剧精神即生命之创造精神。而生命怪异之事，最能表现生命之创造精神。庄子所以大量地运用神话寓言，其故在此。关于鲲鹏之喻，林希逸云：“《齐谐》，书名也，其所志述，皆怪异非常之事，如今《山海经》之类，然此书亦未必有。庄子既撰此说，又引此书以自证，此又是其戏剧处。”见林希逸《庄子口义》卷一第二，台湾弘道文化事业公司，1971年初版。

② 林希逸云：“逍遥游即《诗》与《论语》所谓乐也。”又云：“无何有之乡，广莫之野，言造化自然至道之中，自有可乐之地也。”见《庄子口义》卷一第一及卷一第十六。

③ 见郭庆藩辑《庄子集释》，台湾河洛图书出版社，1974年影印一版，第1页。

神[①]。“自然”是须与“超越”在始终一贯的意义中合而为一。而“自得”非一般意义之“自足”，而应具有生命之无穷性，得而无得，无得而得。如此，各生命体才能彼此开放，而不自我封闭；且互相合作，一起迈向生命超升之路。

支道林《逍遥论》云：“夫逍遥者，明至人之心也。庄生建言大道，而寄指鹏鷃。鹏以营生之路旷，故失适于体外；鷃以在近而笑远，有矜伐于心内。至人乘天正而高兴，游无穷于放浪。物物而不物于物，则遥然不我得；玄感不为，不疾而速，则逍然靡不适，此所以为逍遥也。若夫有欲当其所足，足于所足，快然有似天真，犹饥者一饱，渴者一盈，岂忘烝尝于糗粮，绝觞爵于醪醴哉！苟非至足，岂所以逍遥乎！”[②]郭庆藩明言：“此向郭之注所未尽。”[③]支道林此说确已超越郭象，直指庄子本怀，颇能阐明逍遥之真谛。解析其主要义理，约有下列数点：

1.逍遥是至人之真实的生命精神。有至人，方有逍遥，正

① 吴怡认为郭象以“足于其性”注逍遥，是错误的，郭象所谓的“性”局限于物性，已非庄子逍遥自然之性。吴怡此一看法，请参见吴怡《逍遥的庄子》，台湾东大图书公司，1986年再版，第18页。方东美认为郭象此注乃“小市民的心声”，有自我满足、自我封闭的意向。而支道林以“无待”解逍遥，则发挥了庄子“精神解放”的哲学意涵。方东美此一看法，请参见《原始儒家道家哲学》，台湾黎明文化公司，1983年初版，第246—249页。黄锦鋐云：“逍遥之意，是欲心意自得，而重在无为，人不能逍遥，病在有为。”他认为郭象此注不是庄子逍遥的本意。黄锦鋐此一看法，请参见黄锦鋐《新译庄子读本》，台湾三民书局，1987年版，第54页。

② 见郭庆藩辑《庄子集释》，台湾河洛图书出版社，1974年影印一版，第1页。

③ 见郭庆藩辑《庄子集释》，台湾河洛图书出版社，1974年影印一版，第1页。

如有真人方有真知，而逍遥之生命精神正是使至人成其为至人的本因，非至人不能逍遥，不逍遥亦不成其为至人。

2.“逍遥”超越讥笑、矜伐等心理，以至于超越各种尚可能下坠的心理倾向，而完成吾人心灵自我超越之最高成就。

3.逍遥乃在物之外、物之上，为生命之自作主宰，物物而不物于物，然其自作主宰并非执持有一我之自我作主，而须透过无我、无心等心灵解放工夫，方可达成，此等同于老子“为而不恃，长而不宰”（《老子》第五十一章）的元德。

4.“逍遥”超越量化的时空，故物能当下挺立而上举，“玄感不为，不疾而速，则逍然靡不适”，自适而无不适，则已超乎方所，超乎速度，超乎生命之各种条件，乃精神之崇高悟境，其于一念之间横亘古今，其于一点之上周遍穹苍，生命之创造乃无所不现，无所不成。

5.逍遥不仅止于“足于所足”，而须力求生命之进步与革新。“至足”非一般意义之“自足”，乃自足于“游无穷于放浪”的无穷的生命历程，故“至足”其实无所足，因生命永在无穷的历程中。无穷则无所待，无待则真解放。逍遥而无待，无待而逍遥，生命问题之彻底解决是逍遥的基本前提，生命条件之完全转纳为生命之内涵，是无待的真实意义，亦即生命之真实性必经的成显之路。

6.物之性分是逍遥的起点，而非逍遥的终点。逍遥始终于道中，限量之性分乃一时一地之假借，生命的基础不在某一形相或状态的界定，而有其超乎物质的精神意义；生命的目标不限于某一生命能力所指向的范畴，而是道所开展的全生命的向度。

于鬯在《庄子校书》案云："逍遥可作须臾解。《楚辞·离骚》'聊逍遥以相羊'，萧统《文选》：逍遥作须臾。"[①]此"须臾"之义可与前述第四点意义相互发明。生命精神虽因生命存在条件之故，而往往运作于有限时空之内，然就精神之主体，吾人并无法以某一时空之据点、角度或段落加以揣摩，其意义是超乎一定之时间与空间的。有限的生命个体皆须走出自己的时间性与空间性，才能获得精神解放，而具体实现生命之精神意义。精神解放旨在超越假我见真我，而假我在不断流逝的时间流里，借刹那之念生生灭灭，故精神之解放须在刹那的心念间剑及履及，而于须臾之间，不断超越生命之时间性及空间性，故生命能无处不逍遥、无时不逍遥、无物不逍遥。

在此，我们也可以让庄子自己为"逍遥"作注解：

《天运》："逍遥，无为也。"

《达生》："逍遥乎无事之业。"

《让王》："逍遥于天地之间。"

逍遥是生命的大事业，而此大事业其实无事无业，因生命以"无为"为一贯之精神，无为之精神化解了事业的造作性，此造作性即种种足以牵引"大有"的不利因素。"无为"乃生命之回归，生命之回归依生命之道，生命之道始于道、终于

① 见于大成、陈新雄主编《庄子论文集》，台湾木铎出版社，1976年版，第1页。

道，如此，无为之道尽除生命道上的种种障碍。

逍遥须以天地为背景，然此一背景之意义并不是究极的、绝对的。逍遥的最高境界为“乘天地之正，而御六气之辩，以游无穷者”的“无待”境界，所谓“天地之正”乃天地之正气，而天地之正气顺“自然之理”形成自然之天地。天地有其无穷性，也有其有限性，因气与道（自然之理）的关系是交互的、辩证的；若舍道而一味论天地辩六气，则逍遥之意义便将落入相对的范畴中，“无穷”的系统就将受制于有限的事物，此受制之假象其实是吾心造作所致，亦有生之物假借其有限性的恶果。大鲲大鹏之大尚在天地之中，尚只是生存条件的组合，组合尽大，结构尽密，却仍在有限的时空中，仍未进入无穷的生命系统，超脱解放的生命气魄又如何能全幅开显呢？

对于“境界”一词，必须善予诠辩，否则，生命境界可能被画地自囚者化为子虚乌有。一般看来，“境界”之文学意义大于其哲学意义，王国维首拈“境界”以品评诗词，谓：“词以境界为最上，有境界则自成高格，自有名句。”[①]又谓：“境非独谓景物也，喜怒哀乐亦人心中之一境界，故能写真景物真感情者，谓之有境界，否则谓之无境界。”[②]情景交融，方有文

---

① 见王国维著，滕咸惠校注《人间词话新注》，台湾里仁书局，1986年版，第48页。

② 见王国维著，滕咸惠校注《人间词话新注》，台湾里仁书局，1986年版，第52页。

学之境界；心物交应，方有哲学之境界。在《林语堂当代汉英词典》里，林语堂英译“境界”，主要有四义，而以第四义“诗境”（Atmosphere of Poetry）为最上①，和王国维的看法颇有同趣。然就哲学立场而论，生命之境界乃是经由情景交融、心物交应的主客合一所不断体现的存有世界，它不断地将实际存在的各种生命活动及状况，予以意义化、存有化、超越化，以至于“终极的合一”（The Ultimate Unity），而总结地实现一切之善、一切之美。境界之超升有其辩证性，其间之生命自有其错综复杂的内涵，而心灵之体证与境界之呈现则有密切的关联性，这是庄子之生命哲学所特别关注的。

冯友兰解“境界”云：“人对于宇宙人生底觉解的程度，可有不同。因此宇宙人生，对于人底意义，亦有不同。人对于宇宙人生在某种程度上所有底觉解，因此宇宙人生对人所有底某种不同底意义，即构成人所有底某种境界。”②觉解衍生意义，意义构成境界。在此，吾人须知：“觉解”不是感觉的解析，不是概念的思辨，而是心灵的高度契会。冯氏强调境界有高低、久暂之不同，他将境界分为四种：一、自然境界，二、功利境界，三、道德境界，四、天地境界。自然境界与功利境界是一般人的人生境界，并无新意与创意。道德境界是儒家思想的境界，天地境界则是道家哲学的境界。在此，吾人尚须辨

---

① 参见林语堂《林语堂当代汉英词典》，香港中文大学出版社，1980年二版，第205页。

② 冯友兰：《贞元六书（下）》，香港龙门书店，第55页。

明：“天地”含有时空之观念，而庄子之境界已超乎时空性，乃其生命精神之直接体现，故谓庄子之境界为天地境界，似尚未达境界之究竟义。

庄子之逍遥，“乘道德而浮游”（《山木》），“浮游乎万物之祖，物物而不物于物”（《山木》）。万物之祖是道，物物者非物，乃指超越之精神体。可见庄子之境界乃道的境界，道的境界涵盖了天地境界，如壶子之“未始出吾宗”，不出生命之自身，不落天地之范畴，故能“体尽无穷”，展现境界的无穷义。庄子透过“无我”见“真吾”，透过充满万物的天地，参合“无其所无”的天地之始，其“无何有之乡”乃“道德之乡”，已转有形的天地为有机、有生甚至有神的天地，故最好说庄子的境界为超越的道的境界以避免天地境界之混同于一般意义之自然境界，而导致境界的停滞与下坠。

就文学观点而言，庄子的境界应是诗境，其哲学思考已然引生生命无穷之美感。而就哲学观点看来，超越的道德境界已将生命之现实与理想融会贯通，而具现了生命之美善。美善之价值乃境界之主要内涵，生命之美善不离生命之真；生命不真，美善便将无法具现于生命之内外。

以境界之高低而论，境界至少有三层意义：

第一层指客观实在事物自然呈显于吾人主观心境的世界。

第二层指吾人心中种种情思交织而成的世界。

第三层指文人哲人戛戛独造的艺术或智慧的高妙境界。

庄子的生命哲学旨在超越前两层境界，而直指第三层即最高层境界。其实，境界重重无尽，岂止三层或九层？[①]境界随吾人生命超越之历程不断转现，超越历程无穷，故境界亦无穷。庄子以齐物哲学超越了情思交织的世界，同时超越了主客对立的世界。一方面以理性之清明为逍遥游的种种事相寻求哲学之辩护，另一方面也为生命之逍遥备了稳妥之坐骑，开发源源不绝的生命力。齐物哲学正天地之正、辩六气之辩，至人神人圣人方能把握自然与人文之互动性，而体现生命之无穷境界。

境界若无法获得吾人生命精神之关注，是可能坠落成一般意义的“界限”“地位”和“状况”，这些有限性就是庄子在《逍遥游》一篇里企欲破除的生命障碍。生命有诸多有限性，此诸多有限性往往相互纠缠，而衍生繁复诡谲的生命危机。大鹏之“徙于南冥，水击三千里，抟扶摇而上者九万里”，其生命不断与水、风等自然现象缠斗，尚在有所待的有限情况中，故隐伏相当之危机。除非大鹏之生命力足以驾驭水力与风力，足以使其所待之条件不断转入于其生命之内部，使生命自身永为一体；否则一股相对力量随时伺机而动，可能对其生命造成莫大的伤害。在此，庄子不作分析，而出以文学之描绘，接着

① 境界分三层，乃方便之说。唐君毅论生命心灵，由“客观境”“主观境”“超主客境”等三境再转成九境，虽展现了生命精神大辩证的丰富意涵，但若借之以说明庄子的无穷生命境界，仍只是方便之说；不过，其“超主客境”所转现的“归向一神”“我法二空”及“天德流行”等三境，则颇近于庄子逍遥、齐物等义。有关唐君毅的心灵境界说，参见唐君毅《生命存在与心灵境界》（上、下），台湾学生书局，1978年再版。

在大鹏怒飞之后，让蜩与学鸠决起而飞，作了一高一低的境界对比，这是哲学意义的对比，足以印证“小知不及大知，小年不及大年”，并显示：物无论大小，皆有所待，皆有其实现自我生命的情境与理境，而其中除了含藏生命的有限性外，也隐隐然透露生命超越的契机。

如何转生命之界限、地位、处境、状况等因素为吾人生命超升之资借，以臻于高明的生命境界，乃庄子全心以求的生命智慧，《逍遥游》的主旨在此。方东美云：“庄子之形上学，将‘道’投射到无穷之时空范畴，俾其作用发挥淋漓尽致，成为精神生命之极诣。这是蕴藏在庄子《逍遥游》一篇寓言之中之形上学意涵。”[①]欲将道投射到无穷的时空范畴，是须以高度的生命精神与“道”相契，而将道的作用发挥至最大的程度。逍遥游是“道”在吾人生命中的无穷作用，其主要目的在运生命之能，转生命之境，以与道合，以达道境。违离“道”，生命之逍遥是绝不可能成功的。由此可见，生命之境界须以形上之存有论（就庄子而言，即其道论）为意义之基础，而生命境界之不断地超越物质秩序，不断地统合生命秩序，则须结合知识论与形上学，进而在广大的生命内涵中进行身心之兼容与主客之合一，以解决一切二分之困境。如此，有限之生命方能在进入超越性的存有范畴及无穷性的生命系统之后，实现逍遥的理想。故逍遥不只是心灵内在的探索，也不是生命与其环境之交

① 方东美：《生生之德》，台湾黎明文化公司，1982年四版，第300页。

涉，而是生命境界在生命一体性中的多向度的超升。

《逍遥游》的形上意涵十分丰富，此形上意涵已统合了庄子哲学的全部意义，而其实现于各生命体的可能性是无穷的。吾人唯透过生命之实践，方可参悟生命逍遥之理，方可肯定生命超升之真实意义。《逍遥游》确立了庄子哲学的独特风格，并指出庄子哲学的基本进路，而其以生命为哲学之主题，更已在《逍遥游》首篇中表露无遗。

底下，将从化解生命的有限性、发现生命的独立性、实现生命的绝对性三方面，来论说庄子逍遥的生命境界论，尝试透过庄子寓言的流动性及其浓郁丰富的诗意，多少抉发较为精准的哲学意理，并以肯定：逍遥乃生命境界之超升，超升乃生命精神之逍遥。

一、化解生命的有限性

庄子一登场，便在生命的舞台上展现各种生命独擅的胜场，任其自现生命之姿态，自求生命之活路。在此，我们可以把出现于《逍遥游》的各种生命角色，予以分类排列：

植物：芥、大椿、大瓠、樗。

动物：鲲、鹏、蜩、学鸠、朝菌、蟪蛄、冥灵、斥鴳、鷦鷯、偃鼠、狸狌、斄牛。

人物（包括神话人物）：彭祖、汤、棘、宋荣子、列子、尧、许由、肩吾、连叔、藐姑射之山的神人、资章甫的宋人、惠子、庄子、不龟手之药的作者与买者。

由此可见，生命的层级越高，生命的角色便越繁复，生命的事态便越离奇，这当是庄子着意于生命超升的作风。庄子并不滞留于一般物理意义的自然，而向精神世界勇猛精进；他所以塑造“神人”，便是企图将“人”精神化，把“纯精神之人”当作是生命超升的最高的指标，并因此肯定生命的物质成分是可能对生命的超升造成妨碍的。如此上天下地，贯古通今，庄子是以自然之理为生命系统的基础，但他之终于“无何有之乡”，则企欲以“道”化解生命有限之形相，而将生命有限的存在意义扩展为无穷的实存意义，生命的究竟的实存意义来自“无无之道”，一切生命之有始于无、终于无，始终存活于“无有无不有，无可无不可”的“自然”之中，“自然”乃广大无比、无所不容的生命之道，所有的生命皆须以动态的行程通过之，而不可稍作停留或甚至有不当之假借。

当然，庄子并无意于科学之分类，生命层级之划定也非庄子之本务。他让各种生命处在一互动的系统中，交互出现，彼此影响，形成一“无秩序的秩序”。同时，他意图破解各生命体之间的界限，将各种生命形相、各种生命境遇及各种生命存活的本事，繁衍成一有机的系统，此一有机的系统由生命的变化而来，生命的变化以“道”为根本之法则，鲲之化而为鹏，是第一个生命变化的实例，由鱼变为鸟，由海至于天，而其形相之奇大，已几乎超出吾人之想象，这些生命的特征皆在显示变化的自然性，即变化由道作主的形上意义。如此亦可见：生命之形相及情境可以互变互化互相渗透。可以说，无一生命形相是固定的，无一生命的情境是封闭的，而生命存活之本事亦可相仿相效，终于互相合作，不分彼此。

若论及与生命系统共存的自然环境，则包括了各种自然事物及自然现象，故以《逍遥游》之天地为例，便可见：北冥、南冥、野马、青天、水、风、日、月、爝火、时雨、河、藐姑射之山、年谷、金石流、土山焦、大樽等，另有“文章之观”“钟鼓之声”等人文现象，其间，各种现象在“关系的罗网”中此起彼落，皆与生命有或近或远、或直接或间接的关系；不管是自然的或人文的，任何事物皆因其与生命之关系而获致某种意义，自然与人文之间乃因各种意义多向的流注，而彼此融会贯通。人文不离自然，名不离“无名”，庄子的“生命逻辑”乃以自然为基础，以“无名”正名。[①]而任“无名”之道大行其道，任一切之生命活出生命。“无名”之逻辑透显自然之精神，而自然之精神维系了一切可名的关系

---

① 严灵峰认为道家的逻辑是以道之有无，道之不可名，亦即“无名”，以反生命之真。他引“圣人无名”（《逍遥游》），“德荡乎名”（《人间世》），“名者，实之宾也”（《逍遥游》）等，说明庄子以“无名”显道之实，并以批判“名”——吾人之语言。严氏云：“道家的逻辑是辩证的统一主观和客观的，是‘齐是非’和‘一是非’的。”以上参见严灵峰《老庄研究》，台湾中华书局，1966年初版，第125—160页。由严灵峰的研究，可见“无名论”为庄子生命逻辑的主要内涵。笔者认为，庄子所谓的“名”，主要有两义：一为言语，一为声名。以“无名”超越名之言语义，则可成就超越之智；而若以“无名”超越名之声名义，则可成就超越之德。庄子智德同修，故这两种超越是同时进行的。

与现象。现象因关系而生，关系以现象为运作之场，两者皆在无为无名的道中。

庄子对待如此繁复多变的生命情境，是出以包容的心态，而不断以齐是非一是非的“辩证的统一”，跳脱吾人困于主客对立的各种价值判断，如此以超越一切相对价值的手法解决价值问题，于是发现真正的价值乃以“物物自然”为基础，终以“道”为价值的最高标准。就“自然”而论，物物的价值是平等的；庄子是在“自然”的立足点上，让每一种生命自由地表现自己，所谓的“自己”包括了有生之物与生俱来的各种限度。故庄子并不以片面的认知或专断的意志，试图取消或灭除生命的相对性及有限性；面对生命的相对性及有限性，他予以包容，让它们自由出入于无穷的生命系统中，从有限到无限，从有待到无待，从相对到绝对，在生命的超升历程中，此一化解的工夫十分显著。至于生命最后的归宿——无何有之乡，名之“无何有”，其实无所不有，“至无”使各种生命之间无所不通，各种有限之物乃同入于无穷的存在领域，因“至无”而“至有”而无所不有，如此之形上进路乃转为生命具体的存活之道，庄子化解有限性的工夫就在其中：以绝对之“无”化相对之“有”，以道的普遍性解有限事物的种种困境，化而后解，解而后化，生命活动于是上下交应，左右旁通，终获致生命的和谐与统一，至此，生命有限性的存在意义正足以显示生命内涵的丰富与生命现象的多端。

斥鷃所以笑大鹏，乃因其自困于生命的有限性；列子御风而行，然“犹有所待者也”，也是因为列子的生命仍有其限度，列子生命的有限性与其有待性同义。因有限而有待，因有待而有限，生命所以自困于“现象”之中，其故在此。至于“至人无己，神人无功，圣人无名”，则已将人文生命的限度：己、功、名等一体化解，无己化己，无功化功，无名化名；无己而成至人，“有己”（有我）是生命达到高峰的阻碍，同理，神人与圣人皆已通过各种人文的试炼，皆进入了无穷的生命境界。就生命的最高境界而言，至人神人与圣人殊途同归，其实是同一之生命，因已获致生命的大统一。他们的不同名号来自各自所化解的生命的有限性，名异而实同。

然至人“无待于己之所有”而不害其有己，神人“无待于功之所及”而不妨其有功，圣人“无待于名之归”而不坏其有名。[①]因化解而包容，因无待而无不可待，生命的崇高与生命的广大与时俱进，因崇高而成其广大，因广大而显其崇高，生命的精神乃得以发扬。故此无己无功无名之“无”是心灵自我消解的工夫，它不与有对立，而是有成其有的基本原理。因此吾人不能以此“无”作为对付外在事物的利器，“无”是生命精神得以扩大、提升的状态，乃道在吾人内心的自然化现。那

① 林云铭解“至人无己”之“无己”为“无待于己之所有”，解“神人无功”之“无功”为“无待于功之所及”，解“圣人无名”之“无名”为“无待于名之归”，皆是以“无待”解“无名”之“无”。林氏又云：“三句发无待之义，见大之至者，非世俗所能与也。”以上参见林云铭《庄子因》，台湾兰台书局，1969年初版，第43页。笔者认为林云铭所谓“大之至者”，已超乎大小之相、大小之名，乃由无名而无待，因无待而无名，而入于无穷之道境。

“知效一官，行比一乡，德合一君，而征一国者”（《逍遥游》），所以为一官一乡一君一国所限，乃因其知其行其德尚未能进入“无”或“无心”的状态，而仍未能合于道。故可见生命超升的障碍不在于外在事物的有限性，而在于吾人心灵自我设限的有限性。庄子乃大肆发挥生命之精神力量，以至人神人圣人见证生命的无限性。唯生命精神之开放向无穷领域，吾人生命因自我拘执所酿致的有限性乃可得以化解，这是《逍遥游》的一贯义。

郭象注《逍遥游》，虽久为论者所诟病，然其发现仍值得我们注意。在此，且比列郭象之注，以见其自然观之大义：

> “物任其性，事称其能，各当其分。”
> “极小大之致以明性分之适。”
> “理固自然，不患得失，又何厝心于其间哉。”
> “理有至分，物有定极，各足称事，其济一也。”
> “足于其性。”
> “物各有性，性各有极。”
> “物各有极，任之则条畅。”
> “性各有极，苟足其极，则馀天下之财也。”
> “物各有宜，苟得其宜，安往而不逍遥也。”[①]

---

① 以上所引郭象之注，见郭庆藩辑《庄子集释》，第1，3，4，7，9，11，15，25，39等页。

郭象肯定万物各有其性，有性而后有分。性分乃自然之理，为“在物之道”，物之成其为物者在此。性分自有其固定性，物之限度在此。至分有所至，定极有所定，物之活动乃有一定之范围。在性分所及的范围内，物物皆可充量至极，这是逍遥的根本义，大有“一即一切”之慨，然其间生命发展的理路尚未大明。在生命发展之理未明之前，便足其性、足其极、明其分、得其宜，如此虽能守住“物之在己者”，而不以“己之所无”害“己之所有”，但生命超升的可能性却可能因此大为降低。

肯定“物性”“物理”“物分”“物极”等意义，乃《逍遥游》的出发点，亦即生命超升的起点。此一认知是可能落入主客对立的范畴中，所谓“足于其性”难免有自我设限的倾向。郭象此一“自足”的概念可能来自老子，《老子》第三十三章云：“知足者富。”第四十六章又云：“祸莫大于不知足。”“自足”在于不毁生命之基本结构及基本条件，以作为生命超升之资借，然它不应有终极义，否则，生命的开放，就将受阻。故在生命超升的历程中，庄子将“自足”叩紧道的无穷义，物之自足其性即自足于道，既足于无穷的道，其实已无所谓“自足”。同时，庄子也不特别在意分殊的物理，而将物理化入大道之中，以一物融于万物，即以一化多，以道化理，物理便不至于成为得道的障碍。

郭象提出“顺物者与物无对”[1]，即是为了化解物之有限性。可见他所谓“足其性”并非静态的自我封闭，而仍有其开放向无限之道的生命动能。在《逍遥游》篇末，郭象注云：“夫小大之物，苟失其极，则利害之理均；用得其所，则物皆逍遥也。”[2]则可与齐物哲学相互呼应。由“足其极”至于“失其极”，生命之限度乃得以化解，这就是生命的开放，就是生命的超升，而最后终于齐同是非利害，乃生命之大解脱，生命之大用至此得以全般展现，这是逍遥的究竟意义。郭象屡言“逍遥一也”，乃就逍遥论逍遥，逍遥是有其一致性，故可见生命之自由无关数量，乃生命性分内事。物有大小，逍遥则一，亦可见生命之平等性。另外，透过“无为”，以“无为”化解“有为”，更能抉发逍遥的真实意义，郭象注云：“夫趣之所以异，岂知异而异哉？皆不知所以然而自然耳。自然耳，不为也，此逍遥之大意。”[3]以“不为”解“自然”，颇能透显道的形上意义。以道的形上意义消解物的形下意义，物才可能摆脱形下之困境，才可能迈向逍遥之境。

生命的超升由小向大，由低向高，由固定向不固定，由有限向无限，这是从生命的现实存在来看生命的超升。若从道的立场来看，生命之超升则由动趋静，由外而内，由有形向无形，由有待向无待，由被动向主动。这双向的观点可以互相配

① 见郭庆藩辑《庄子集释》，台湾河洛图书出版社，1974年影印一版，第24页。
② 见郭庆藩辑《庄子集释》，台湾河洛图书出版社，1974年影印一版，第42页。
③ 见郭庆藩辑《庄子集释》，台湾河洛图书出版社，1974年影印一版，第10页。

合，以使生命在超升过程中维持一体之平衡。在一体双向的平衡中，生命之自足乃得以成其自由，自足而后自由，自由而后自足。物之自尽自任，乃自心顺道，无得无失，亦无利害。如此，动而不动，不动而动；无去无来，上下呼应。因此，在肯定“逍遥”有开放、超越等意义的同时，仍必须安顿物之现实存在，进而在物的现实存在中，加入理想的可能性与开放性，以转化物之本能为生命之大能，甚至转向生命之智慧，则无机与有机，无生与有生的隔阂便可逐步予以化除，生命之变于是成就生命无穷之旅。

肯定有限性的肯定并非单向的肯定，在此肯定的同时，须注意“道隐于小成”的后果。如何转小成为大成、小知为大知，不仅是齐物论的大课题，在逍遥的生命历程观中，也是一贯的主题。为通过此一不断转化的生命历程，庄子乃大用对比的哲学手法。大鹏与斥鷃，朝菌、蟪蛄与冥灵、大椿；前者是形体大小的对比，后者是时间久暂的对比。至于宋荣子、列子与至人、神人、圣人，则是心灵境界高低的对比，其对比的序列随着生命精神的发扬，更为曲折而多样。经由这些对比，生命乃鼓足向上的冲力，且有明当之自觉，自觉生命之有限性皆只具相对之意义。而若以道眼观之，任何有限性其实可一体待之，生命的平等性在此豁显。

此外，经由对比，亦可发现物物之关系是不固定的。物物之关系随物而动，随时而变，因地因时而制宜。关系在对比的动态中，一方面维持一定之平衡，一方面则保持不断转变的可能。当然，关系仍有其相对的一定性：大小、久暂、高低等仍有其一定之意义。如何通过无数相对性的对比，以迈向绝对性的对比，以达到无穷的生命境界，则须以“自足”的自我肯定为第一步，先实现个体之价值，然后再于生命价值的无穷系列中，向上超升。其间，自我之了解、评量与批判必须不断进行，以作主客之合，以化人我之殊，如此生命方可在动态的对比历程中，不断趋向无可对无可比的道的境界。老子云：“自知者明。”（《老子》第三十三章）自知在于了解自我的小生命于大生命体中所处的对比的情境，以决定自我生命超升的方法与方向。老子“知其雄，守其雌”“知其白，守其黑”“知其荣，守其辱”（《老子》第二十八章），又云：“祸兮福之所倚，福兮祸之所伏。”（《老子》第五十八章）皆是对比手法的高度运用，以发现生命之相对性、相关性，而善转之。循此对比之路，可上达于道，终把握道与万物之间的最大的对比，此一最大的对比不再处于相对性中，而是一绝对之“常”，故老子云：“知常曰明。”（《老子》第十六章、第五十五章）“知常”乃是生命最高之智慧。庄子承老子遗绪，其知常明道的作风，则在比老子更具体更广大的对比情境中，不断地任物相比、任人相比、任一切生命相比，而以对比形成其生命系统，让各种生命在此一系统中现身说法，并为“道”作某一程度与向度的示范。庄子深入对比、走出对比，乃至于完成对比，可以说，庄子是在具有高度实存意义的对比情境中，实现其逍遥的生命理想。

总结前述，我们可再归纳出逍遥三义：

1. 无待而逍遥：无待是逍遥的必要条件，逍遥是从有待向无待的全副生命的奋斗历程。

2. 不齐而逍遥：郭象注云，“有待无待，吾所不能齐也，至于各安其性，天机自张，受而不知，则吾所不能殊也”[①]。“各安其性”乃各安于有待之不齐，而“天机自张”乃生命精神开展向无待齐一之境，因无待而自齐，亦因自齐而无待。不齐而自齐，原是生命回复本真的历程。

3. 自然而逍遥：道法自然，“自然”不是一预设的前提，也不是一后得的结论，乃是道自身。庄子沉浸于自然之中，故其逍遥不假外力，其逍遥的天地中，遍处是生命纯然自然的流动，此一生命流动的真相实乃生命逍遥的实态。

由无待、不齐而自然，亦由自然、不齐而无待，此一历程即生命变化之历程，生命之变化乃循道而变化，生命由于变化而趋向道，至与道合。因万物多变且互变，故庄子的逍遥游是多途多向的；因万物之变化无所不在，故无物不逍遥，无处不逍遥，无时不逍遥。在生命圆满纯熟的境地中，逍遥者必是真实之生命。

若从形上本体看逍遥，逍遥和《大宗师》的“撄宁”“入于寥天一”是同义的。逍遥是生命体运其形成生命体之气，以上与道合，使生命“撄而后成”，从气所变现的现象之多中，逐渐超脱出来，而上达于道所固守的本体之一，此本体之一即

---

① 见郭庆藩辑《庄子集释》，台湾河洛图书出版社，1974年影印一版，第20页。

是“寥天一”。生命体各有其生命之历史，生命之历史在变化的天地中衍生出生命之各种形相及各种秩序；在此生命繁复的秩序中，庄子将其理性的反省程序，转作生命统一性与整全性的超升的程序，一切生命之变化乃从可能性过渡到现实性，而逐渐呈显生命形上之意涵，即生命究竟之真实。故“逍遥游”一方面有其实际之意义，此实际之意义寓含在天地的无穷系统中，另一方面，逍遥游的生命境界有其形上理由，因生命有其形上之本体（形上之本源）。生命之形上本体为形上之气，此即是生命自化之所本，亦即道之存有之内涵；形上之气终入于“寥天一”，即终入于道之究竟之存有。因此，就生命之形上理由而言，吾人可解生命之逍遥为：生命从形下之气上达于形上之气，即从多到一，经对比的理性反省及辩证的生命统合，以实现生命的形上意涵，而使各生命体在形上本体中合而为一。逍遥的最高境界即生命本体之境界，本体之有境界，乃本体之超越之价值所具现。庄子以道德之价值统合一切之美善，其价值之本源即生命之形上本体，而生命之形上本体须由超越之价值论予以斟定。故庄子乃以逍遥之生命作价值之超越，以上升于价值之本源、生命之本源。

二、发现生命的独立性

生命有限性的化解并非一时之间就可完成的，而需经长时间的自我陶成、自我锻炼，在此一过程中，支持生命的主要因素便是生命的独立性。有限性不妨独立性，而独立性正足以助成有限性之逐步化解于大道之中。生命之独立性来自道的独立性，道“自本自根”（《大宗师》），由道所成之生命自然得道而有其独立之德。老子云：“万物莫不尊道而贵德。”（《老子》第五十一章）王弼注云：“道者物之所由也，德者物之所得也。”[①]得道成德，物之独立性就在道德的一贯性中，物之自得即自得于道。因道遍在，故物物皆可自得于道，亦即物物皆可获致同等之独立性。就道而言，物物之独立性皆可上达于绝对之状态；然就物之个体性而言，物物之独立性则是相对的。相对的独立性已足以保住一物之个体性，并可使其以个体性与其他之个体作平等的关联与沟通。

人我之对立，一方面造成生命自我执持其相对意义的有限性，同时亦导致生命自我倚恃其相对意义的独立性。庄子不似老子直接挞伐此一倚恃之心态：“圣人处无为之事，行不言之教，万物作焉而不辞，生而不有，为而不恃，功成而弗居。”（《老子》第二章），而敦厚地透过小生命（斥鷃）之讥笑大生命（大鹏），暗示：生命之外在条件，大者不足傲，小者不足恃。无己可傲，无物可恃，生命之独立性并非可傲可恃之资产。生命真正独立的条件是“无条件”——道提供一无任何条件存在的生命情境，在其中，生命才能获致

① 见《老子》（四部备要本），台湾中华书局，1980年台九版，第60—61页。

无所困苦的独立性。有条件必有所困，无条件则无所困，原来无何有之乡、广莫之野中，无不是独立之生命。无何有之乡已尽去生命之条件，而使其中的生命完全呈露当体独立之真相。

无己无功无名，乃是尽去外缘、心空无物的生命情境。生命自身超越吾人凭借官能（包括一般心思之官能）所认知与决定的生活范畴，故回归生命自身，生命便可以其真实性、纯粹性，建立其超绝的独立性以逍遥于化外。无己无功无名，乃是为了透显生命的独立性，在此，庄子不满足于抽象的独立性，因此创铸了具体的独立的生命——藐姑射之山的神人。神人不以天下为事，物莫之伤，其尘垢秕糠，将犹陶铸尧舜。一方面显示神人之生命无比纯粹，似是一精神体，另一方面则显示其不假外在条件的自由与独立。无事而自由，无事而独立。自由与独立足可以天下为事，以一切生命为己任，而其生命仍善处无为无事的逍遥情境中，无事而无不可事，此事事无碍之理实乃生命创造之理。在生命创造的历程中，生命之独立性一方面成就个体的自我创化，另一方面则完成个体与个体之间的真实之关联。

生命之为一个体，亦为生命之独立性提供具体的佐证。个体自有其个性，而个性在现实存在界中，有其不易为外物所损毁的“完形”，完形乃形态、对象的统一性构造，故庄子不对物之各部分进行分析，不透过此一分析来认识生命之个体。就物之分享道的观点看来，物物皆是一完形。生命之为个体，不在于部分之组合，而在于生命精神之掌握其生命之一体性，生命之活动由上往下、由里向外，即在表现精神之为生命之中枢。庄子似乎把握了此一生命之完形，企图将生命之特性发挥至极点，此是郭象“性各有极”至于“失其极”的意义所在。以神人之尘垢秕糠陶铸尧舜，此种陶铸生命之本事，是必有完整而独立的生命蓝图在。

至于独立与不独立之间，物常游移不定，生命力亦时强时弱。就生命自不独立趋向独立的进升历程看来，生命主体应逐渐具有较大的决定力量，否则生命将逐渐丧失其独立性，终至于丧失道之为生成原理所赋予的一切。就生命论生命，本无所谓“死亡”，但生命不独立，则气散而死；气散就是死，也就是说，不独立就是死亡。死亡只有现象的意义，故若能常保生命主体之独立，生是不必与死流转的。

庄子特别强调道在万物的普遍性，万物因道而自足自立，这是独立的基本意义。同时，道使生命之独立性有了普遍的意义。道以各种方式普遍存在于物中，而仍保有其普遍创化的超越的特性。所有生命体乃因道的创化的普遍性，而皆获得足以自我肯定以坚持其存在的独立性。物物以平等之独立性平等共存，普遍之生命精神使各生命体彼此关联，互成一体；独立性也由于浸透在深广的普遍性中，而成为各个生命体的真实属性，对立所以不妨独立，其故在此。生命之自觉往往出现于生命独立性获得自我肯定之际，故一方面，生命独立性的发现，极有助于生命之自我成全；另一方面，悟道入道的生命智慧统合了物之相对之独立与道之绝对之独立，而终于完成了生命回归真宰的理想。生命之真宰乃生命独立最高的状态，其中，无物不真，无物不独立，而物物独立于道中，物物处于开放的统一性中。开放的统一性使物物获得真正的独立，而一物的独立助成其他物的独立，彼此因独立而互助，同时因互助而达到最高度的独立，最高度的独立即生命最后的完成。生命完成于道中，即完成于永远趋向完成的历程中。庄子的历程哲学，即以生命不断实现其独立性，为核心之意义。历程是生命的上扬、超升与回归，其标的是自本自根的道，故生命独立性的自我完成，乃生命历程的一贯之道。

生命型态互异，生命本体则为一。生命之互异引发生命多变之律动，本体之一则是生命律动的调节者。在神人“磅礴万物”的德化之功中，似乎充满音乐性的和谐之美。生命的气势由生命型态的互变互动不断催生，而万流归一的走向乃道的走向。“乘云气，御飞龙，而游乎四海之外”（《逍遥游》），奔腾飞扬的生命其实只有一个目标——道，“四海之外”指的是无何有之乡，它是在万物之形相之上，而非在万物存在的周边之外；生命以天地大有为活动范畴，而不自足于小有之间。在此，生命之见独即见道，生命之归一即归道。庄子因此避免了相对主义的危机——生命的涣散，也因此斥弃了绝对主义的错误——生命的僵化。

许由“予无所用天下为”，充分显现了人在人世中的独立性。坚持自我生命之实存性，并不断体现自我生命的纯粹性，让生命在人文脉络中不断回归真我，这是“圣人无名”的真实注脚。独立之至人、真人不为天下所用，亦不用天下之用。所谓“天下之用”指的是“下德不失德，是以无德”（《老子》第三十八章）的自矜之德，此自矜之德在思想语言上的表现就是“言隐于荣华”的荣华。老子以下德之伦为“道之华，而愚之始”（《老子》第三十八章），此愚是不明道的“知之聋盲”。如何穿透生命之荣华，以至于“上德不德”、无名无己的独立而纯粹的生命，乃真人必修之课题，而真知即在知生命之真，生命之真乃生命之当体独立。

《应帝王》的壶子四示：由地文、天壤、太冲莫胜，以至于“未始出吾宗”，是展现生命独立性的四个阶程。列子的生命风格：“于事无与亲，雕琢复朴，块然独以其形立。”（《应帝王》）所以能独立其形，乃因生命已然不断恢复其真朴。神立而形立，是生命的理则；形立而神立，则是实践之路。“未始出吾宗”意谓生命的摄用归体，生命的发展不离生命之根本——生命之道，即可长保生命之独立性，永不丧失其不为外物所伤，也不为下智所计的深广的生命内涵。如此，生命之独立将永立于道的实存基础上。壶子之现身说法，为逍遥作了真切的示范。在生命逍遥的最高境界中，生命已然动静如一。至此，生命之至静成其生命之大动，在生命最宁静的内部有着生命最自由最真实的活动，这是《逍遥游》最彻底的展现，展现了生命无垠的广袤与无底的渊深。

三、实现生命的绝对性

一如生命的独立性，生命的无限性与绝对性亦来自道。道的无限性提供圆满生命的理想，并使吾人之主观心灵经由生命原理与生命理想的交互运作，而不断趋向无限的心灵。依庄子哲学的生命历程观，生命的无限性有其客观的实存基础，它亦存于无限的心灵中。由生命的无限性论道，道之原理意义大于本体意义，道之境界意义高于存在意义。而道之本体意义与境界意义乃合成生命之绝对性。吾人之生命理想甚真实，故生命的绝对性亦甚真实，绝对性即以其真实性而得以进入生命的现实，而现实生命因相对关系而互成一体的和谐性，则是使生命的绝对性不落幻境的实质的保证。在此，无限性与绝对性结合。无限而绝对，绝对而无限，生命历程乃成为无穷之旅。

生命的绝对性乃生命之绝对价值之基础。绝对价值以其崇高性及通贯性，维持一切之相对价值于不坠。人之所以能成为真人神人至人，即因生命之绝对价值终于彻底实现。真人之真证实了一切伦理之真，真知之真则证实了一切认知之真，至善至美亦保证了一切美善的合理性与实现美善的可能性。绝对价值为生命理想之所系，它的实现乃生命理想性的最高度的实现。庄子的价值理想确以“无限”“绝对”为依归，其人格之超越性，以其道德的超越性为指引，道德的超越性即源自生命价值的绝对性，而生命价值的绝对性来自生命之形上本体——

道之一与气之一所以合一的生命之本一，道气之合乃生命本一之创化。庄子实现生命价值的进程，所以不至于在相对事物中流转，乃因道遍在天地，即绝对价值已然以各种方式流布于现实世界中，而完成各种生命之创化。

故生命的绝对性即生命之大全，而生命之大全即生命之整体性。生命的整体性有两层意义：第一层指个别生命体的整体性，第二层指所有生命体集合成一体的整体性。庄子同等看待这生命大全的两层意义，故他能在天地之境界中自同于道之大全。[①]人同于道之大全，人之生命即为“整体之一”“普遍之一”（The Most Universal One），而非天地某些结构性成分的集合体。

道以无生有，以无观有，“无”使“有”获得等同于道的绝对性。唐君毅云：“今更透过此虚无以观其有，则有者亦皆若有若无，而芴漠无形。吾人之心知亦即可超出于其‘有’与‘形’。”[②]此“虚无”最好说是“至无”，以显示道的绝对性；而所谓“若有若无”，是指相对事物尚未臻于绝对之境，尚在辩证历程中。实有是“大有”，虚无是“至无”，皆是道的绝对

① 冯友兰认为庄子的天地，即宇宙，即大全；在天地境界中的人觉解自身为大全的一部分，故能自同于大全，自同于大全，大全便永远存在。以上参见冯友兰《贞元六书》下册，第268页。笔者认为在道的境界中的人则觉解其自身与大全为一，而非“大全之一部分”，因为道已然把天地之形体存在之意义全转化为生命之精神内涵。而且，在道的境界中的人并不必以分析性的思维或工具性的行动与天地作对比或联络。

② 唐君毅：《中国哲学原论·原道篇（一）》，台湾学生书局，1986年全集校订版，第346页。

性的呈显：唯“无”至“至无”，“有”乃成其为“大有”。心知入于至无，生命入于大有，乃能全生。“夫若是者，其天守全，其神无郤，物奚自入焉！”（《达生》）天全神全人亦全，这是生命精神极其刚健的表现，而非仅止于保身自全的养生之论。庄子养生乃养生主，“生主”为生命之道。先养“生之主”，然后才能养生，故庄子达生之论不离至人之德，而立基于形上之学；他将“以无生有”“以无全有”的形上理则转为“以虚养生”“以虚全生”的伦理修养，而在吾人一己之生命中，极力实现道的绝对性。以绝对之无体现绝对之有，这是庄子修养论的立论根据，其精神体验之所以深妙，道理也在此。唯透过对“绝对”的体证，生命方能抵大全之境，而吾人之经验活动乃得以扩大加深，终入于大有之有，如此，有为而无以为，无为而无不为，生命之障尽除，生命之害尽去，生命之德能于是得以完全发挥。

至此，庄子《逍遥游》的课题就进入有用与无用的辩证了。一般人以为：有为故有用，无为故无用。因此，在面对若有若无、似真似假、有得有失、亦去亦来的生命实况时，往往作两截不相连的思考：

若“有”（非真正之“有”）→若“有为”→若“有用”。

若“无”（非真正之“无”）→若“无为”→若“无用”。

以此二分法，一般人便将生命之意义定于“有用”的范畴，认为“有用”乃生命价值之所在，而以“无用”抹杀生命真实之作用。溺于“有用”概念中，吾人便无法得见生命之真体，亦无法得享生命之大用。

为了破此二分法，庄子大用譬喻：宋人资章甫、惠子的大瓠、宋人的不龟手之药及看似无用的大樗，这些事物皆为吾人有用无用之价值概念所纠缠，庄子力图解之，而还它们真实的面目，让它们回归自然之妙境。最后庄子下如此之结论："不夭斤斧，物无害者，无所可用，安所困苦哉！"（《逍遥游》）摆脱一切之用，乃能获致生命本体的独立与自由，看似无所可用，其实无不可用。对此一连串破解常识性之"用"概念的譬喻，应可分析出如下数点意义：

1. 常人所见之"用"乃由某些现实条件所形成。

2. "用"有其变数，当其现实条件一变，"用"亦变。

3. "用"有其有限性，吾人可称之为"有限的功能"。各种功能之间有其相关性，此一相关性来自存在物彼此之关系。

4. "用"可能成为"大用""妙用""无用之用"，如果"用"不黏滞于某一现实情况或存在条件的话。

5. 生命之大用乃生命之主体与生命之客境互动所致。若能保持此一互动的生命历程，则生命将永远可用而有用，其用将永不消退。

6. 以无用为用，是生命解脱的关键。道之大用为"无用之用"的本源；用而无其用，此"无"是价值的超越，亦即生命的超升。

7. 庄子依循老子"有之以为利，无之以为用"（《老子》第十一章）的辩证，而他似比老子更重视辩证之合。一般之用即是所谓的“利”，言利必涉及“有”，逐利必于众有之间，终于不见成就大有大利的“至无”。“无心”乃入“至无”之心，亦即超乎利与用的纯粹之心，利与用往往落于相对之境，即往往在若有若无之间，而终脱离至有与至无的大辩证。生命在有无之间相生相成，吾人不能牵有以害无，或溺无而损有。超乎利害，即是为了维持生命发展的平衡与稳定。超乎利害主要在超乎利害之概念，亦即超乎“有用”及“无用”等概念。有无辩证之合的具体象征——无何有之乡，已一扫一切可能伤及生命的价值概念，而洞见生命无价之内涵，这已超乎任何对生命的概念性的诠释。

从有用到无用，而无用一无用，连“无用”亦不可得，如此至于无所可用，无所不用，生命于是逐渐脱离有限之所，趋向无限之境，生命的绝对性于是步步落实而具现，“无用”至少有先后四义：一、不用，二、离用，三、反用，四、归于大用。这是由用到体的生命回归，吾人是可以融贯生活经验的手法，而依生命之存在秩序完成之。用不害体，用助成体，则主导吾人生命的一颗心便不再为外物所支离，亦不再迷惑于量化的物用之间，而能掌握一己生命之大用。此心当不再曲而不直，不再是“有蓬之心”，郭象注云：“言物各有宜，苟得其宜，安往而不逍遥也。”[①]因用用而回体，无无而入有，物物乃各得其宜，各以己为用而各适其用。“宜”不是自足适分的自

① 见郭庆藩辑《庄子集释》，台湾河洛图书出版社，1974年影印一版，第39页。

矜自足，而是入物不伤，与人无间，无不将无不迎的精神的自由，这就是逍遥的生命大解脱。

无其所无，用其所用。克就从体到用，自用返体的双向的生命历程，其间应有六个进阶：

1. 用用之无（不用而离用）

2. 用之无用（当用即无用）

3. 无用之用（反用而合于用）

4. 用无之用（以无为用）

5. 用无之无（以“以无为用”之用为无用）

6. 无无妙用（用全入无，体用合一）

这不仅是现实生命在存在阶层中之自我培成与锻炼，更是心灵境界的无止境的超升。前三个进阶尚在生命之为有的范畴中，而“离用”“反用”皆旨在超离生命之为有的有限性。后三个进阶则已入于“无”，即由有返无而入于道，并不断解脱有用与无用的对立性，而统合有与无，以进于无无之大有。其实，六个进阶乃方便之说，因生命由用返体的回归历程是无穷的。此一进程的关键在：如何反用而返体？如何运无而全有？这是同一个问题，须善解道在万有的超越意涵及“无”在无限心灵中的高妙义谛，才可能进入此一问题的核心。至于生命精神以各种象征之意义，如实呈现生命之丰富内涵，乃是生命回归之同时，不断成全生命的统合历程，在此，历程之意义须不断予以贞定。回归与统合在生命中一体完成，此即生命之超升，生命之境界乃能在存有的价值层级中不断地上进，并不断地扩展生命存在之范畴。

“逍遥”有其高超的象征意义，而唯落实于生命之历程与生命之内涵，逍遥的种种象征才可能获致实际的意义。故可说，生命之逍遥论亦是生命之象征论，透过生命之象征——道在生命的具体呈显及“无”在“有”中的具体作用，吾人可以发现生命之超越属性乃是生命所以能逍遥的根本。生命在绝对性及无限性中不断进行的创化，则不断提供可由吾人理性加以鉴定的生命信息——包括生死现象的流转及各种存在实况在生命中所导致的不同情境，其中蕴藏无数之象征。庄子在《逍遥游》里，所以大用各种象征，便是为了显示两个主要的意义：一是离用的意义，二是返体的意义，他并且将这两个意义结合在一起，这是因为他深谙生命于体、用，有、无之间的出入之道，而由于生命出入体用之间与有无之间，生命之象征乃层出不穷。生命之逍遥展现了生命全面之属性，生命之象征性因此富有高度的形上意义。象征在吾人理性中所表达的意味，也因逍遥所获致的生命自由而极其真实极其生动。生命之超越属性使生命有其表现美善的具体的象征，故生命之象征皆有其立基于存有的客观性。庄子《逍遥游》的两个最重要的象征：神人与无何有之乡，即在显示离用返体，自有归无的形上意义，并具体证实超越之价值；“无”所以能使“有”不断成全，即因生命一直在价值的实现之中。故善体象征之意义，吾人便不至于困在体、用、有、无等抽象概念间。

离用得自由，返体而独立；自由是生命在其作用中的自我回归，独立乃生命以其主体性作最真实的呈露。庄子不玩观念的游戏，他知常守常，在心灵与伦理、知识与道德之间，不断作彻底的反省及一无芥蒂的包容，生命乃能“为是不用而寓诸庸”（《齐物论》），大展生命之能而不矜，大发理性之明而不炫，生命之德乃在生命的常道中愈用愈出，愈出愈有，生命的无穷性便可在无穷的系统中不断地具现，而迎向绝对之道的自我实现乃永在实现之中。

第十章

生命伦理与超越人格论

对生命有了真实之认知，对生命之超升有了坚定的信念，便可在生命伦理之中，建立生命之伦理学，然后再在生命伦理学的基础上，标立超越人格的至高理想。在此，吾人结合生命与伦理，而“生命伦理”可定义为：“在生命生成的形上原理之中，同时在人性的形上基础上，人之生命之自我成全与自我完满之道。”和老子一样，庄子将生命伦理建立于“自然”之上，“自然”之说旨在阐明道与宇宙之间有其相应的一体性，此相应性及一体性，可转为生命之伦理，伦理之意义即由生命之相应性及一体性所生发，而由吾人体道之心予以把握。可以说，伦理网络始于道，亦终于道，以道为伦理意义之核心。

得道可保生命之全，这是生命伦理学的基本命题。《天运》云：“苟得于道，无自而不可；失焉者，无自而可。”道使生命之理得以会通而大通，这是生命伦理的根本所在，道德即以生命之精神为范畴，而生命之精神以生命自然之本真为基础，一切之道德修为旨在返生命之真、保生命之真，可以说，生命之真（真性）赋予生命伦理真实之意义，而由人为返自然，乃道德一贯之进程。“真在性分之内”[1]，如何透过生命自然之性分，上达生命本然之真相，以建立生命之理想，并为人格之超

① 见郭庆藩辑《庄子集释》，台湾河洛图书出版社，1974年影印一版，第591页。

越开出一条无尽之路，乃庄子伦理学之本务。

由于将伦理学为人之主体际性所开发出来的多向多重之意义，收束之，而直通于形上学之终极，庄子乃大力批判儒家之仁义，且超越之，而入于德、合于道。《天运》云："仁义，先王之蘧庐也。"又云："古之至人，假道于仁，托宿于义，以游逍遥之虚。"假仁托义，是不坏仁义而超越仁义，不在生命无穷之旅途中作任何之滞留，这和儒家之"居仁由义"相比，是向道德之乡更推进了一大步。道德体现生命之真自由，而任何低于道德的伦理规范皆有可能不利于生命自由之发展。庄子以生命最高的价值将所有伦理之善汇归于至真至善的道，而道已然不具任何价值色彩。庄子超越仁义之为伦理规范，而以生命之基本伦理疏通之，故生命能通天地而成德，终上达于道。可以说，庄子是以生命讲伦理，而赋予伦理完完整整的生命意义。伦理的实践旨在实现生命之价值，而生命自然之本真则保证伦理不受人为之牵制，并使吾人之道德理念不至于丧失真实之内涵。

面对生命伦理的深广内涵，我们可以从六个角度试探之，以发现庄子理想人格的超越意义。

一、道德合一论

道德之合一即生命之内外合一。内篇《德充符》意指"德充于内，物应于外，外内玄合，信若符命而遗其形骸也”[①]，以内德为主，物自应于外，而物终不在外，因物终为德所转化，甚入于德。如此乃能“德不形者，物不能离也”（《德充符》）。德合于道，故不形，此即不德之上德，得而无得，道乃自现生命之力，自成生命之理，而为万物之所归。

《秋水》云：“天在内，人在外，德在乎天。知天人之行，本乎天，位乎得；蹢躅而屈伸，反要而语极。”由天而人，由内而外，由道而德，由德而物，这是伦理修养的效用之道，然生命之历程须顺逆双运，故于向人向外向德向物的同时，须由人而天，由外而内，由物而德，由德而道，以守住生命的根本，这就是“反要”“语极”，“要”与“极”指的就是道。道为德之本，德为道之末，本末须一贯，故庄子反对“治其内，而不治其外”（《天地》）的内外相违。就伦理意义而言，庄子之真知旨在知此道德合一之真相，故真人须“知天之所为”，亦须“知人之所为”，知天亦知人，乃知之极致。天之所为者是道，人之所为者是德，而人之所为须合乎天之所为，道德合一，吾人乃能知德亦知道，即能以道德合一之关系统合一切之修为，由知到行，伦理乃一贯而成。《秋水》云：“知道者必达于理，达于理者必明于权，明于权者不以物害己。”理由道展开，而实际之理由权变之方构成，所有之德行首在达理明权，以贯通生命中变与不变的诸多要素，而最后由调理变与不变的

① 见郭庆藩辑《庄子集释》，台湾河洛图书出版社，1974年影印一版，第187页。

生命枢机——道——引领由德向道的生命理路。《应帝王》云："其知情信，其德甚真。"知真而后德真，此真为道德合一的生命之真。

吴怡认为庄子的德有两方面：一、虚己以应物，二、见独以游心。[①]己之所以能虚，因生命由本无之道而生；己与物之所以能相应，因己与物所共生的大生命已在道中互通为一。见独之独为生命之独立性，而生命之独立性来自道的独立性。故游心之德须在道中涵养，以假道而游、运道而生。

道德合一即生命归根之历程。《在宥》云："万物云云，各复其根，各复其根而不知。"既已归根，知乃无所用。生命之根在道，归根之德为"无心之德"，庄子认为"德有心"乃生命最大之害。"贼莫大乎德有心而心有睫，及其有睫也而内视，内视而败矣。"（《列御寇》）肉眼见物，其实不见物之全，同理，心眼见德，其实不见德之真。故须"以恬养知"（《缮性》），使道德在"虚"中合一，不以知识妨害道德的合一。"虚则无为而无不为"（《庚桑楚》），则已达道德合一的最高境界，此亦即生与命合一、德与命合一的最高境界。"性修反德"（《天地》），生之性与安命顺命之德经即知即行的长时间的修养之后，是可能在道中完全合一的。至此，生为有德之生，命为返道之命，生乃不再为外在条件所拘，而命也不再被有限的因素所定。命而后有生，生而后有命，生命终成道德精

---

① 参见吴怡《逍遥的庄子》，台湾东大图书公司，1986年再版，第105页。

神的化身，生命的内涵无不是道德的内涵，生的无限性与命的有限性就不再是两难的课题了。

二、生命主宰论

《齐物论》发现生命之真宰（主宰）超越吾人有限之认知。《养生主》云："缘督以为经，可以保身，可以全生，可以养亲，可以尽年。"则以伦理修养来处理有关生命主宰的问题。"生主"为吾人之精神，养生主乃养吾人之精神，这是养生全生的先决条件。而养精神即在立定生命之主，将生命主宰的意义贯注于生命的各方面。生命之主宰即是道，而道在吾人生命中者，为虚通而周流无碍的中道。顺此中道，即所谓"依乎天理"（《养生主》）。憨山大师云："至人率性，顺理而无过中之行，则性自全而形不伤耳。"[①]中道之行的具体作法是"安时处顺"，因中道偕时俱行，乃顺生命之大行。而"遁天倍情"是反时中之逆行，势必动摇生命的主宰。

在此，庄子所以提出"天理"，是因为理是道在现实世界中所展现的具体脉络，吾人之修养须循理以入道，而使生命自作主宰的真谛流布于全生命体中，各个生命体乃可自作主宰。王夫之解"应帝王"云："独全其天，以命物之化，而使自治，

① 憨山大师：《庄子内篇憨山注》卷二《养生主》，台湾琉璃经房，1972年再版，第11页。

则天下莫能出吾宗。”[①]不出吾宗，生命永可自作主宰，而不会受制于非生命或反生命之物。

主宰生命者不在生命之外，乃是统合生命的一贯之道。由道而德，由神而形，而以“气”贯之；气之一来自道之一，而气的限定为吾人生命之形成要素，道德修养即以此“气命”为对象，在不断坚持道为生命主宰的修养历程中，吾人乃由“气命”上达于道，即由气之一回返道之一，终获致生命的整全。《天地》云：“执道者德全，德全者形全，形全者神全，神全者，圣人之道也。”生命整全以道为纲纪，而生命所以不全，乃由于气的限定；超越此一限定，才能获致“神全”，神全之生命已然超越于气命之上，而生命之力量已由形下迈向形上，生命之境界自然向上升进。

由此可见，生命主宰论即生命成全论。成全方能作主，所以支离其形，是为了德全；所以支离其德，则是为了道全。支离是为了超越，为了成全，这是自反而正的生命进程。

生命主宰与自然精神互通。因此庄子在修养论中屡论及“天”“天选子之形”“道与之貌，天与之形”（《德充符》）。生命之形来自天，故有生之年为天年。“与天为徒”“天与人不相胜”“死生，命也，其有夜旦之常，天也”（《大宗师》）。天为生命之本源，亦是生命发展之道。说天是道，乃就生命发展的向度而言；说天是自然，则是就生命自主的立场而言。在

① 见王夫之《庄子通·庄子解》合刊本，台湾里仁书局，1984年版，第70页。

庄子的形上学中，天、道、自然，三者的意义是可互通的。

至于“死生，命也”，并非以命为生命之主宰。命是天对生命的限定的总称，它以“气”为限定之要素，而真正的主宰乃是天，也就是道。然须透过命，吾人之生命才可上达于道，命具有道的意义，它使生命自不成全而成全，自潜能状态趋向彻底的实现，故论道的《大宗师》最后归结于命：

> 吾思夫使我至此极者而弗得也。父母岂欲吾贫哉？天无私覆，地无私载，天地岂私贫我哉？求其为之者而不得也。然而至此极者，命也夫！

以天地之无私解脱因一己之私所纠结成的“命”，天地之无私透显道体，而一己之私则是“气”之现象所致。此解脱首在了解命的意义，确定命的意义，而疏理清楚“气”和“道”、“性”和“命”等之关系，以确立道的超越意义，以肯定生命发展的自我实现；庄子于此等关系之间贯以自然之精神，故在《应帝王》末，即内七篇之末，以混沌总结自然之大义，以自然之德求生命之自我作主。由此，吾人可以发现：

1.唯顺自然，生命才能自作主宰。自然之精神乃庄子伦理学的普遍性的前提。

2.顺自然予生命之限定，吾人才能经由安命顺命而回归自然。知命而通命，运命以解命，可终于生命究竟的成就。故庄子是以“不作主宰”之虚灵心态，实现其主宰生命的最高理想。

三、精神专一论

“精神专一”乃是心灵的辩证工夫。心灵有静有动，乃有正有反；心灵之“正”源自道，道之纯正使心灵纯正，“游心于淡，合气于漠”（《应帝王》）乃向道之心，“淡”“漠”皆有纯正之意，而所以纯正，乃因超于变化的物象，心不为“气”所扰而胜物。至于心灵之“反”则由于心向多不向一，即向物不向道，“夫道不欲杂，杂则多，多则扰，扰则忧，忧而不救”（《人间世》），因杂多而有扰忧，心灵乃由静趋动，而产生各种扰害生命的相对性。生命所以杂多则往往是由于生命中“气”的分化作用所致。

故精神专一乃在反心灵之反，反生命之反，以归于心灵之正与生命之正。“生命之反”指一切阻绝生命回归真我的障碍，而对于人的生命而言，反生命之因素多来自生理、心理及人文等现象，在《庚桑楚》，庄子将其细分为二十四种，粗分四大类。一、勃志者：贵、富、显、严、名、利；二、谬心者：容、动、色、理、气、意；三、累德者：恶、欲、喜、怒、哀、乐；四、塞道者：去、就、取、与、知、能。对这些反生命害生命之因素，吾人须彻之、解之、去之、达之，这都是精神专一的作用，而其根本原则为“虚”，“此四六者不荡胸中则正，正则静，静则明，明则虚，虚则无为而无不为也”（《庚桑楚》）。“虚”是纯正心灵之因，亦是纯正心灵之果。它是道在生命中自行开出的各种路向，由志而心，由心而德，由德而道，生命须在虚灵的精神引领下前进。而此一“虚”的历程即是“忘”的历程，“德有所长而形有所忘”（《德充符》），“虚”“忘”两者相互为用，虚而后忘，忘而后虚，故忘的工夫与生命本虚的基本原理相符应。

因此，我们可以将庄子精神专一的工夫，归为两种：

1.心斋

心斋即在运用虚的原理，“气也者，虚而待物者也。唯道集虚，虚者，心斋也”（《人间世》）。在此，所谓“气”是采其形上意义，“心有知觉，犹起攀缘；气无情虑，虚柔任物”[①]，无情虑之气乃指纯正的生命精神，它体化合变，故能在生命因形下之气而自我分化之际，予以统合。“虚而待物”即是为了善处人间世。物有害生之可能，吾人以虚待之，即虚己以应物，物即在“虚”中化入于道，而与吾人生命交感相通，至此，物害便除。“心斋”义同“斋戒疏瀹而心，澡雪而精神”（《知北游》），“疏瀹”“澡雪”皆指“虚”的功能，虚以保实，反反得正。虚的妙用甚大，“夫虚静恬淡寂漠无为者，天地之平而道德之至，故帝王圣人休焉，休则虚，虚则实，实者伦矣”（《天道》）。由虚而实，“实”指的是道的真实的内涵，“伦”即是生命伦理，两者无殊，真实的道即生命本然的伦理，庄子伦理学的形上意义在此，而“虚”为伦理

① 成玄英疏，见郭庆藩辑《庄子集释》，第147页。

所以成其伦理之道，可以说，“虚”的原理完成了生命伦理的总相。“人能虚己以游世，其孰能害之!”（《山木》）虚己而后能保守生命之体，收摄生命之用；用而不用，体不执体，精神自专一，生命之自由乃能彻底实现。“以虚静推于天地，通于万物，此之谓天乐。”（《天道》）“天乐”便是生命因“虚”而解脱而自由的最佳写照，其返自然之正心灵之正的意义十分明显。

2.坐忘

“堕肢体，黜聪明，离形去知，同于大通，此谓坐忘。”（《大宗师》）庄子发挥了“忘”的作用，其中蕴藏强大之心能。故能将认知之层级由下往上推升，终入于大通之境。“忘”是为了统一心灵因去而不返、出而不入所造成的对立与矛盾，包括假我与真我的对立。忘的工夫使吾人内心统一，精神专一以向道，再进而统合内外之境，求生命之大统一。《达生》云：“忘足，屦之适也；忘要，带之适也；知忘是非，心之适也。不内变，不外从，事会之适也。始乎适而未尝不适者，忘适之适也。”因忘而适，适己适物，终适于道，而“忘适之适”，即无其所无，忘其所忘，故向道学道的历程即是忘的历程。正由于“忘其所忘”，反其所反，乃终不忘生命之根本，如此方能达生之情，而得生命之至乐，“至乐无乐”（《至乐》），因心灵一直处在“忘”的历程中。祁克果云：“一个人所具遗忘能力的程度，则是他灵的弹性的最后尺度。如果一个人不能遗忘，他绝不会等于记取了许多。”又云：“记取与遗忘的艺术，也将确保对某种生命关系的执着，而且使得一项完全自由的实现，成为可能。”[①]虽然庄子和祁克果的存在感受有所不同，两人对“灵”的观点亦不同，但祁克果对“遗忘”的看法可帮助我们了解庄子的“坐忘”。庄子运用坐忘的工夫，兼顾了记取与遗忘的辩证性，旨在确保道与吾人生命吾人心灵的关系，并期望完全自由的生命实现。

以坐忘的工夫，去除思虑之故智，乃能上达生命之“灵台”（《达生》《庚桑楚》），吾人之精神领域便可作无限之扩展。灵台之“台”有“可依”之义，其实，依而不依，因已忘其所依，更忘其所忘，而表现了吾人心理最真实之机能。至此，人生之积极意义乃更形昭著，人人便可在相忘之中，互不干扰、互不牵扯、互相协调，而从自然生命的情欲中超拔出来，实现“乘物以游心”（《人间世》）的人生大愿。心斋旨在超越官能及心意识，以化消任何心理之符应，而达到纯粹之知；坐忘则旨在超越任何行动意念及道德概念，以去除任何知识之执着，而达到纯粹之行。知行皆至纯粹的境界，两者便可合而为一，而融注成生命之真精神。

虚而后能斋，斋而能齐；忘而后能返，返而后能通。心斋与坐忘皆是生命简化、复归、辩证等原理的运用，皆是生命本体的开显，同时也为生命伦理立定了意义的根本。

---

① 见《祁克果语录》，陈俊辉译，台湾业强出版社，1987年初版，第66页。

四、生命升华论

生命升华乃无穷的道德修养历程，然庄子仍尝试于其间划分阶段：

1. 三日外天下→七日外物→九日外生→朝彻→见独→无古今→不死不生。（《大宗师》）

2. 一年而野→二年而从→三年而通→四年而物→五年而来→六年而鬼入→七年而天成→八年而不知死，不知生→九年而大妙。（《寓言》）

《大宗师》所言，乃是明道学道之历程，侧重在认知之超越，其精神专一与回归之路向十分明显；自朝彻以上，不标时日，因已超越一般之意识计执，而入于纯精神之生命领域。《寓言》所言，则为行道履道之历程，侧重在德行的浃化，有出有入，有容乃大，其与“自然”相应之倾向十分强烈。究其实，两种进程其实为一进程，皆以个体生命独对精神世界，一心向道学道行道，终止于不死不生的玄妙境界。

生命之升华旨在超脱生死，而升华的极致，庄子名之为“撄宁”：“其为物，无不将也，无不迎也，无不毁也，无不成也。”（《大宗师》）所谓“撄而后成”（《大宗师》）是说生命在变中常保不变之真常，在动中常保宁静之本体，这就是“至人之用心”：“不将不迎，应而不藏，故能胜物而不伤。”（《应帝王》）生死现象乃“物象”，对生命本真而言，此物象即假象；欲识假见真，借假修真，须运用自然无得的“虚”的原理，“体尽无穷，而游无朕。尽其所受乎天，而无见得，亦虚而已”（《应帝王》）。生命升华在“尽其所受乎天”，发挥自然之精神，而唯虚能见而无见、得而无得，完成生命之超越。说虚的原理是超越的原理，除了显发其伦理意义之外，更可揭露其形上目的论之意义。

生命升华有两个基本原则：

1.生命的净化；

2.生命的成全。

生命的净化由心斋、坐忘的工夫而来，而生命之净化须以“生命精神化”为先决条件。生命之成全在守住生命之本。“不离于宗，谓之天人；不离于精，谓之神人；不离于真，谓之至人。”（《天下》）“宗”“精”“真”皆指生命之本，而“不离于宗”“不离于精”“不离于真”则皆是成全生命的基本原则。“其于宗也，可谓稠适而上遂矣。”（《天下》）“稠适上遂”更显出达道返本的超越意义。

一般人“判天地之美，析万物之理，察古人之全，寡能备于天地之美，称神明之容”（《天下》），这是对生命的大反动，庄子反此大反，而在自然及人文的和谐中，融会了生命的美感与理性，并以无尽的美感陶冶理性，养成理性高度的鉴察力。生命的美感源自自然之生命，理性则旨在照全此一大生命，而这都在无穷的开放性及永恒性中进行。故生命的升华，一方面是返璞归真的逆溯，一方面则是神而明之的升扬；这两个方向须同时兼顾，以使所有生命之个体同时迎向超越个体性的大目的，生命的大目的就是道，而人当可以此大目的不断陶铸其人格。在此，我们可以引德日进的话为庄子的生命升华论作一注脚："我们的高峰，我们的极致，并不是我们的个体性，而是我们的位格。"[①]由个体性进于位格性，须经不断的超越。个体性由自然生成，位格性则由人文化成，故此一超越之历程乃是自然与人文的互动过程，位格（人格）的培塑即在自然的生命伦理中，以自然之精神化成具有高度人文意义的生命。

五、人格超越论

中国哲学强烈的实践倾向，最后的指标是个人崇高的品格。[②]庄子也不例外，他以"真"字作为品格崇高的写照。[③]所谓"反其真"（《大宗师》《秋水》），即旨在彻底实现生命之

---

① 德日进：《人之现象》，李贵良译，台湾正中书局，1970年二版，第321页。

② 方东美以"个人品格崇高论"为中国哲学精神的三大特色之一。见方东美《中国哲学之精神及其发展》（上），孙智燊译，台湾成均出版社，1984年初版，第36—40页。

③ 根据王煜的统计，《庄子》书共有六十六个"真"字，其中包括十六次的"真人"。参见王煜《老庄思想论集》，第427—438页。庄子重视"真"，而把"真"义归结于"真人"与"真知"。返真而不可忘真（《山木》云："见利而忘其真。"），超越性的人格与超越性的真理是同一根源的。由此可见，庄子是以最高的真理成其最高的生命，亦是以最高的生命成其最高的真理，这两种成就其实是一种成就，因皆在生命本真的超越范畴中。

真实性，以成就超乎个体有限性的精神人格。

“真”来自“天”，“真者，所以受于天也”（《渔父》），“天”即自然之道。故最高之精神人格在于回返自然之天道。“自然”为宇宙至高之真理，若吾人体现之，则吾人生命亦当与宇宙至高之真理合而为一。这不但是认知的超越，而且是精神的超越。

庄子超越人格，有三个主要方向：无名、无功、无己。若“无”为动词，则“无”即“超越”之义；若“无”为名词，则指向超越之最高理想。这三个方向，其实是一个方向。名、功、己等人文产物皆是生命超越之障碍，足以堵塞生命价值的创造性泉源。在无穷的超越历程中，人之位格终归于“一”，而为“一”所成，所谓“圣有所生，王有所成，皆原于一”（《天下》），人格原于一，也成于一，“一”即无其所无的道之绝对之有。由此看来，人格的超越和齐物论之认知的超越一样，同归于无穷之生命系统。

超越人格有“超越人伦”之义，这是庄子和儒家的最大的分野。庄子游心自然，其实一心超乎所谓的“自然界”，亦同时超乎自然与人文之分界。老子论道，止于“有生于无”；庄子则以“无无”化“无”，此一形上的超越思想直接贯注于伦理思想中，故庄子伦理学不断在吾人生命中化解人伦可能肇致的危机。“无无”是向上的超化，也是向下的融化。故庄子之超越人伦，并不在打破本乎“命”与“义”的伦常关系，而在于以道的超越意义不断点醒吾人，使吾人在开展平面的生命向度时，能同时向上提起，而不为任何道德之规范意义所束缚，以永葆生命精神之真纯。《天下》论天人、神人、至人之余，总结以“以天为宗，以德为本，以道为门，兆于变化，谓之圣人”，这是生命价值的大融合，其根苗早种于庄子的形上思想中。

故吾人不可陷入天人神人至人超然纯然的生命美感中，而应重视至人神人圣人在超越名、功、己等人文果实之后，仍不妨其有名有功有己的人格的大统合。超越并非超绝，其上下交应，旁通统贯的精神，和大易的乾坤之道并不违背，庄子所以关心“天地之纯，古人之大体”（《天下》），而恐道术将为天下裂，其悲怀即源自此一超越论。

尼采的超人鼓吹“权力意志”，认为在超人的生命创造之前，须先打碎一切之价值。[①]庄子则不然，他在人格超越的道路上，并不打碎价值，而是对价值作超越的省思，作彻底的整理，然后再予以重建。可以说，庄子守住价值清澈的源头——道，而在价值系统不断趋向末流之际，仍能常保其价值之真义，不使其因周流于人间世而变混浊，而成为虚假之物。因此，庄子一方面能守天下之大戒，而“无所逃于天地之间”（《人间世》），一方面又能依“事之变，命之行”

① 尼采云：“只是生命所在的地方，即有意志；但是这意志不是求生之意志，——我郑重地告诉你——而是权力意志。”又云：“真的，谁不得不创造善恶，便不得不先破坏，先打碎价值。”见尼采《查拉杜斯屈拉如是说》，雷崧生译，台湾中华书局，1978年台七版，第173—174页。

(《德充符》),而使一己之才全德亦全,实现人格的超越理想。在此,我们可以发现:庄子的人格超越之路乃生命之中道,而中道的目的在实现“不穷尽一切假”的至真、“处处莫非象征”的大美,以及“无有不善”的全善。亚里士多德云:“德性是一个中庸之道,这个中庸之道是按着中正的标准及最好的标准来判断的,最好也是一个极端。”[①]亚氏的中道有“至善”“极善”之义,和庄子“至人”之“至”义应有吻合之处。故说庄子的人格论是一部“至人论”,该是十分恰当的。[②]

六、天人分合论

明天人之分,达天人之合,似已超出一般之生命伦理,而入于不可言宣的密契境界。然就庄子而言,天人之辨仍在理性范畴中,而天人之合虽已超乎理性,但境界之妙谛原为助成步骤分明的修养进阶,绝不可以“境界”去“工夫”,或竟落入恍惚的精神状态。

《大宗师》云:“知天之所为,知人之所为者,至矣。”又云:“天与人不相胜也,是之谓真人。”天人之分不妨天人

---

① 见高思谦译《亚里士多德之宜高迈伦理学》,台湾商务印书馆,1979年初版,第33—34页。

② 参见方东美《中国哲学之精神及其发展》(上),第186页。

之合，分是为了合，乃辨而不辨，故合无所合。天以“自然”涵养人为之一切，并统合之，升扬之。可以说，天是人之所以为人的原理与理想，而人是天的具体见证。“无为而尊者，天道也；有为而累者，人道也。”（《在宥》）人本身已具备反天之因素，故由有为而无为，是反反之正，天人之间存在着肯定与否定的辩证关系，是天成就了人，是人使天展现了成就人的超越精神。故“无以人灭天”（《秋水》），应以天助人，此助其实无所助，乃人之自助自成。自助自成者无“助”无“成”之名，故吾人不可执着“人之君子”之身份，而作“天之小人”。合德通道，首在消化“行仁行义”“作礼作乐”等概念及其所牵引的道德行动，是所谓“退仁义，宾礼乐”（《天道》），至人之超越精神由此建立。故上与天合，须有相忘于道术的开放心灵，开放向天即开放向人。荀子批评庄子“蔽于天而不知人”（《荀子·解蔽》），并不公允。庄子明天人之分，并无知识之蔽；而达天人之合，也无行动之蔽。就天人分合论而言，庄子已把理性与行动的关系调理妥当；站在超吾人理性的天之立场，所有因知有所蔽而形成的一曲之见皆已一一化入于密契境界中，而使其“所蔽”不再构成任何之知识障，这也证实：道的意义无不可具现。天人合一的理想并非一蹴可及，须由可能相胜的分的状态，渐进于不相胜的合的状态，其间的历程是无穷的。

天人合一与自然之精神有根本性之关系。[①]自然之精神在“变而不变”之间显露，故《大宗师》云：“安排而去化，乃入于寥天一。”“寥天一”即天人合一的绝对境，其中生命个体无不独立，亦无不统合，真独立成其大统合。至此，万物归一，一切存在物回归自身，回返存在之本源，故能依存在之基本原理，使一切之事相作全般之展现。“寥天一”仿佛托马斯的“太一”（Supreme One）：“万有出于太一，也将归于太一。”又云：“万有都在一之上模仿太一，每一物皆是一，且每一造化物都有秩序之一。”[②]托马斯的“太一”是存有本身，也是价值本身。庄子的“寥天一”则是存有的最高境，亦是价值的最高境。存有与价值的大统合，实现了“存有即真理，真理即存有”的认知的最高理想，也使一切具有价值之指标的行动完成了生命的超越，至此，真理为“本体之真理”（Ontological Truth），生命为“本体之生命”，不离生命之本体，吾人才能对生命作最高层次的肯定，并采取最高层次的行动。最高层次的肯定为最高之真理，最高层次的行动能实现至善至美的价值，最高的生命就在真理与价值的最高的统合中。故庄子最高的人格永在超越之中，亦永在实现之中，超越与实现皆指向生命之

---

① 杨慧杰认为庄子天人合一的根据在自然的精神化，参见杨慧杰《天人关系论》，台湾大林出版社，1981年版，第130—134页。笔者认为天人合一与自然之精神，两者之关系是互动的。“自然”本身即具精神之根本义，亦即包含天人合一之实质的各种可能性，而天人合一则是自然精神之最高的表现。

② 出自托马斯（Thomas Aquinas），*Summa Theologica*，*Summa Contra Gentiles* 等书，中译引自沈清松《存有与价值》，台湾辅仁大学哲学研究所硕士论文，1975年，第38页。

至极。庄子以“生命之至极”（至人神人是“生命之至极”的具体象征）透显生命之终极性，即是以生命理想的无穷性（“无穷性”也可称之为“无限的高度”，因生命理想具有形上的超越意义）透显生命的永恒性。这应可说是庄子生命伦理学的一大特色。

第十一章

结　论

经过以上的诠释与论究，我们发现，通贯庄子生命哲学，有两大形上原理：一为超越，二为辩证。“超越”（Transcendere）在拉丁文，原为动词，意思是超过或超升，它有三层意义：一、意指不系于认识者的意识；二、意指超感觉而非经验所不可及者；三、意指非经验所得染指。①借此西方哲学之概念，我们对庄子生命哲学之运用“超越”，当有较清晰之认识。庄子超越感觉、超越意识、超越经验，至于超其所超，乃入于玄之又玄。他之所以不重视静态的本质，而直接以实际存在之事物为思想范畴，即肇因于此一超越之形上思考。除了以上所述，庄子的超越尚有几项主要的意义：

1.超越须在生命之中进行，超越乃生命潜能之彻底实现。

2.超越须以本体之有为基本范畴，庄子是以“道”统合其本体之有之意义。

3.超越之道是多向的，而有其不动的中心。超越之道周遍太虚，包涵一切之有，并贯之以无穷的道的意义与生命的意义。

4.“气”与“命”为超越的起点，超越旨在使生命之气由物质义进于精神义，使生命之命由决定义进于完成义；决定而完成，乃超越在生命体中的一贯之道。

① 参见布鲁格编著《西洋哲学辞典》，项退结编译，台湾先知出版社，1976年初版，第426页。

5. 超越有其终极之目的，超越乃在完成生命终极之目的，生命之终极唯在“超越”之中方可确立。

就知识论的立场，庄子“超越”的最高意义是在超越“有始”“无始”及“有”“无”等概念及其所形成的思想困境，以使吾人得以肯定绝对的道及绝对的有。在超越的历程中，庄子贯以无穷的生命系统，并以此展现无比卓越的生命精神。笔者所以屡次使用意义并不甚明确的“生命精神”（The Spirit of Life），主要的理由，约有六项：

1. 欲以“生命精神”综合庄子“心”“神”等之意义，而庄子重“心”的倾向，乃以心之精神义为主导。

2. 庄子统合“心”与“神”，并将心神之体用与生命之体用合而为一。

3. 生命之有精神，至于生命之为精神体，有其一贯之道，此一贯之道包括生命存在之道与生命修养之道。

4. 生命生于精神之领域，乃指生命因道而有，因道而生；而精神之生于生命，是生命因道而创造而自我实现。这两个“生”的作用皆在存有的范畴中，皆依存有之意义而不断进行。

5. 生命以精神为其根本，而精神源于本体之有、绝对之有，即道之为有，故生命之精神乃生命表现本体之有的总相。

6. 至人、神人之超越人格皆以生命精神为超越之根本与前提；若生命无“精神之有”之超越属性，则生命根本无超越之可能，生命之价值亦将无实现之可能。

庄子确实对“生命精神”有其独特而深入的体验，这是庄子建立其道论（本体论）的基础所在。唯经由不断的超越，生命之精神才得以发扬，而生命方可能转化成精神之生命。

至于庄子的辩证（Dialectics），则循生命精神之基本规律，从思考历程进于存在历程，甚至以存在之规律引导辩证之进行。当然，他始终把握辩证的基本精神：“对立的一致”（Coincidentia Oppositorum），乃因此产生近于泛神论之色彩。然他一直坚持道的独一性及生命的真纯性，在正反之间，有其统合之道；在内外之间，有其连贯之道。故在吾人运用诸多哲学理念，进行庄子之研究之时，须尽量回复庄子之基本生命观点及生活态度，而庄子的生命观点难免夹缠文学与哲学合而不分的生命意念，其生活态度亦有因不热衷于抽象思考所导致的非哲学或超哲学的倾向。因此，若对庄子充沛的艺术性及崇高的人格理想无所意会、无所契合，则一切抽象性的解析工夫是极可能破坏庄子的哲学风格，甚至斫伤庄子的哲学生命。

在此，我们仍有必要进一步阐释庄子的历程观。《天地》云：“留动而生物，物成生理，谓之形。”这是物之形成之历程。阳动阴静，阴阳衍生天地历程，天地历程是阴阳的和合，亦即动静的统合；言动已包涵了静的意义，言静亦已包涵了动的原理，这是庄子历程观的基本特色。而生命在天地历程之中，其最后的归向——“同乎太初”“同乎大顺”，足以证明生命历程除了依循天地自然之历程外，更综合运用了生命之回归、辩证、统合等原理，而将生命之历程自天地之有限性中，推向无限的天地（此“天地”之意义是采取至高的形上意义），亦即从相对境界趋向绝对境界，故其历程并非平面之流动，而是向上的超升；历程不只涵盖了生命个体之生成，更指向生命精神多向的发展。可以说，超升之意义足以总结庄子历程观之全部意义，历程是超升的历程，而超升是历程的超升。

以生命为一历程，是须与“以道为生命历程之根本原则”相互配合，而由此方能展开生命有机体之整体性及系统性。历程观赋予生命系统真实之意义，且对生命体之自我保存，遂行其超乎现象的引导职能。若从“目的性”来观察生命之历程，吾人可以发现：生命之目的就在生命历程中，亦即在生命出机入机的循环往复中，故生命目的之讲论，不可为吾人之心理取向及思想方法之使用所牵制，而须保持吾人理性之主动性，以就生命自身而论生命，就自然本身而论自然，如此，方可能在安立生命目的之前后，仍保持生命系统的一贯性及生命体之完整性。若再作分析，庄子生命历程观尚有如下之特点：

1. 各生命体是以个体性入于生命之历程中，各生命体是在生命历程中实现其个体之价值。生命历程与价值之实现须是同步的，欠缺价值内涵的生命历程是没有意义的。

2. 各生命体各有其生命历程，这是小历程，而各生命体由道统合成的大全乃是大历程。大历程包涵小历程，小历程是在大历程中，才得以不断调整其方向，以坚持其存在之原则，生命的统合功能由此运作。

3. 生命历程无始无终，这是就辩证的无穷性立论；然就道之为可理解之生成原理而言，生命历程始于道，终于道，在道的终始往复之中，生命以其气化（包括自化与互变）进行其生命之历程。

4. 各生命机体的发展有其不断创新的趋势，有创新才有发展，故生命历程中，除了生命本质的连续状态之外，生命种别之间另有跳跃、突变等现象，因此，生命历程之为“发展原则”，并非只是“形成理论”，而是多向度多层次的变化理论与创化理论。

5. 生命历程的最高意义是在生命本体的范畴中，将所有之生命现象汇归于生命之本源，这也就是“太初”“大顺”的意义。

生命之为概念，难以言明。生命之为系统，更难以掌握。这不仅是哲学的难题，更是生命的难题。面对庄子，我们应和庄子一样，须善于处理诸多涉及吾人身心的生活课题，而这是可能伤及思考的严密性的。在吾人之思考可能无法达成其自身之目的的情况下，庄子因此特别重视实践的修养。庄子修养论具有超越性的特色，他那有关“心”的工夫，使后人将之比拟于禅；然庄子与禅，尚有相当大的距离，这不仅和哲学思想自身之发展有关，更涉及哲学思想所依托的历史背景。

庄子重道亦重德，重性亦重命，重天理亦重人义，这使他近于儒，但其所重之德有道的超越意义，所重之命非儒家之天命，所重之义已少有儒家道德之规范性。唐君毅认为吾人生命存在与形上之天相依相即，而两者合而可分之际，便出现“命”之概念。[①]以此观点看庄子之命，大体不差，但顺此以下，儒家之言性命与天命，则与庄子有所分歧。庄子的命是以天命统合气命，以气命统合性命，而统合之道为庄子思想之中心——道。其“道”之超越属性，则与儒家的“道”的内涵有十分显著的不同。

至于庄子的生死观是否即为一“长生论”，则尚待斟酌。庄子之精神源自道，其与有生之物的关系是由上往下的流布，精神使吾人有养生之可能，使生命的进程能由下往上发展，但对“长生”之理想，庄子并不热衷。内七篇的大义着重在认知论、伦理学与道的形上学，其养生之论乃为道德之论，与其形上思想有直接而密切的关系，故其养生乃是一种道德修养，而非偏重现实义生理义的长生久视之道。故庄子

① 唐君毅云：“吾人之生命存在与其超越的形上根原之天，即有相依相即，而又相隔相离之一关系。故此天人之际，不可只合说，亦不可只分说。欲说其合而分之际，遂有‘命’之观念之建立。”见唐君毅《生命存在与心灵境界》下册，台湾学生书局，1978年再版，第872页。笔者认为庄子在天人或分或合之际，皆讲“命”。天人合一，命为德命；天人二分，命为气命；天人由分而合，性命便由气命上转向德命，庄子安时处顺之道即在此。

之密契境界，应是以生命境界为主体，而生命境界须以有生有死之事实存在为起点，超生死即在超生死的现象义。可以说，庄子对生死采有距离的观照，此一距离由生命精神自然具现。借生命精神之发展，吾人即可不断调整此一距离，以使生命自我完成的能力可以不断发挥出来。生死之间的距离则以“道”为调整之准则，由有距离渐进于无距离，生死的现象义终可化消，精神生命乃具永恒不死的意义。而生死的一贯性，并非现象的连续性，其间有形上之道为其根本之基础，故能“善吾生者，乃所以善吾死也”（《大宗师》）。

庄子在认知论中，反证道由有至无，以至于无无，实为其生命伦理铺设了一条“返证”之路，这是庄子始终能不离道枢论道，不离生命论生命的根本原因，而其因返证而复归的历程，则演成一大伦理秩序。由体而用，自内向外，则是庄子入世的明证。由此亦可见，生命精神足以作为哲学思考与诸多现实行动的础石，它的实现性大可推扩为实证性，这未始不是知识之意义的最大保证。

在此，我们尚可发现庄子的生命哲学潜藏着几个实际的问题及可能的难题，可供我们继续作更深入的思考：

1.庄子“道遍在宇宙”的观点是可能流为“泛道论”，而逐渐丧失道的独立性与超绝之特征。对物性物理的了解若不足够，对自然生命之原创若不加以肯定，则道之内在于物内在于生命，就将成为莫大的思想之谜。庄子对因果关系的必要性，似无真实而切要的认识。[①]这或许是庄子一心求道以体化合变，所遗留下的一个问题。

此外，尚有若干问题值得我们注意：

（1）道如何内在于宇宙？宇宙又如何因道之遍在而生成？

（2）自然之变化如何成其为指引人入道的精神理则？亦即："自然"究竟如何精神化？"自然"的意义与道的意义是否全然等同？

这些问题若不解决，则庄子泛道论的危机将更为严重。

2. 庄子在包容差异之际，忽略了逻辑难题。是非之辩，如何能了？其辩论之实况，如何能为体道之精神所化解？无所穷尽的辩证程序又如何终于道？欲解决这些问题，须先完成一套处理差异性的逻辑，否则哲学思考将丧失其清晰性，庄子对此似尚未有一套较严密较完整的看法。

3. 庄子在批判语言之后，并未建立其语言哲学。当然，我们不能以此责求与我们有长远之历史间隔的古之博大真人。透过庄子灵动的语言及玄妙的意境，再借助于今日语言之严密性

---

① 就西方形上学而论，因果律是一必然的律则，也是一基本的原理，因果的关系须由第一因决定。庄子虽以"道"作为一切因果关系的第一因，但由于道的体用是在生命循环往复的状态中展开，道之为第一因之意义乃渐失其超绝于万物之上的特性，而终于统合了道之创化义与物之进化义。胡适之所以采用"生物进化论"来解释庄子的生命发生说，并进而质问"上帝之因"（参见胡适《中国古代哲学史》，台湾商务印书馆，1976年台七版，第114—118页），即因其只着眼于生之第二义，而将道的创化误为物之进化。庄子未能在生命发展的历程中，不断突显其"道"之为第一因，亦未透过因果的必然性，以展现道在万有而超万有的实有内涵，如此轻忽因果律的心态，也是造成此一误解的原因。

与繁复性，则在庄子批判语言的基础上，是可能建立起一套足可支撑其形上理境的语言哲学。

4.庄子在透视价值并进行价值之超越之后，并未建立其价值哲学，故论者或谓："我们不能凭借道家的超人文主义（Super-Humanism）来建立有秩序的社会。"[①]或谓："庄子唯一可以批评的是他醉心于离世独立，而轻忽了世俗生活。"[②]这可能都是因为庄子以其与生命之终极攸关的形上义谛，为其思想之中心点，故无意亦无暇论及人文社会的秩序与其中企待重整的价值系统。可以说，庄子的超越心太切，故对于思想平面的开展及概念可以形成的理论结构，乃未付以多少的注意。《天下》评庄子"芒乎昧乎，未之尽者"，所谓"未之尽者"即指其思想体系（概念体系）尚未足以照应其现实世界的整体架构。当然，这已涉及庄子对语言的看法及其归本于道的价值观。吾人究应如何面对"绝对者""无限者""终极者"，并以何种方式体现与绝对者、无限者、终极者结合的理想价值？庄子自有其在充分了解思想与语言之机能之后所提出来的解决策略，这与思想与语言的有限性与穷极性有莫大的关系。

总观庄子的生命哲学，是已从静态的概念领域进入动态的思想历程，庄子即以此"历程哲学"进行其生命之超越，以上达无思无虑无言的精神境界。一方面，庄子发现种种人心与人世的危机，一方面则为生命之创造提供无比广大的范畴。他的

---

① 王煜：《老庄思想论集》，台湾联经出版公司，1979年初版，第73页。

② 方东美：《生生之德》，台湾黎明文化公司，1982年四版，第273页。

自知之明使其思考方式不至于作茧自缚，而他对最高生命的理念及对无上真理的信念，则使他在解开人世间的诸多包缠之后，很顺当地登上生命的高峰。

庄子的道仿佛是“创造神力”，创造宇宙之生机，并使万物皆具此创造神力，而各以不同之型态展现此创造神力[①]。万物乃依序完成其生命。生命之成为一大系统，即因道之创生有无穷之意义。“生命系统”一词对庄子而言，具有高度的哲学意义，而生命如何衍成一无穷之系统，是关系庄子哲学成败的根本问题。

当然，庄子的道的意义并不等同于“创造神力”，将两者作一对比，乃是为了突显道的无穷的创生义。生命系统在道中展开，在道中完成，其展开与完成皆具无穷之创生义。生命系统使各种生命之具体存在得以在自然的形上意义中与唯一之真实——道——合而为一。庄子是以其广大的哲学系统诠释生命系统，其哲学系统所具的全面性及开放性即来自生命系统的全面性及开放性。他并未在物质、生命与价值之间划下明显的标记，但透过知识论、形上学与价值论的整合，他已将物质、生命与价值纳入一元系统中，并在整合之同时，依然厘清三者之分际。故庄子的生命形上学，综摄了境界型态与实有型态；立基于实有而开展无穷之境界，并在无穷之境界中逐渐发显生命实有之内涵。

---

① 有关“创造神力”之义，请参见罗光《生命哲学》，台湾学生书局，1988年修订再版，第110页。

庄子生命形上学尚有“以变言常”的特色，他以变化展现生命进展之程序，并借以诠释吾人生命在人文世界中所获致的历史意义；处人间世所以须变己以应世，而变己的最高境界为“虚己”，即是因为变化之道通贯一切之生命，变化不仅是宇宙一根本之因素，更可说：变化乃实有之一根本原理。生命在变化之程序中达成生命各阶段之目的，而就生命之全体而言，是目的在生命之中，生命为一大目的所含藏，此一大目的在由生命而意识而精神的一贯之道中，这是庄子生机论的核心意义。以不断超越之意识超越生命为差异性所安立之阶段，并再以精神化解意识所可能造成的思想难题。庄子以气的真实性开启道的真实性，即具有此一超越之义谛，而现象与现象背后的实体之间确有其真实之关联，这是庄子生命形上学值得吾人再开发的奥秘所在。刘述先在《系统哲学的探索》一文中说：“只有在绝对之同的前提下，差异才成为不可能，又只有在绝对之异的情形下，交感始成为不可能。但由现象所呈现的真实看来，宇宙乃是一气流通的；在一气流通之中，却又表现成为各种不同形式的差异相，但并不妨害这些不同形式之间的互相交感，也不妨害这些不同形式一根而发的事实。”[①]庄子生命哲学大显此一气流通、互相交感的生命总相，而生命现象的真实性即气之真实性，在此一真实性中，同异大可相即共容，故可见庄子生命哲学实有足以建构系统哲学的雄伟格局。道一本而物万

① 刘述先：《中西哲学论文集》，台湾学生书局，1987年初版，第325页。

殊，庄子确已在其中发现了无比丰富的互动的意义。

最后，笔者愿引德日进的一段话，为庄子的生命哲学举一旁证，并作结语：

> 不根据人类，人是无法自己彻底观察自己的；不依据生命，人是没办法彻底观察人类的；不凭依宇宙，人是不能彻底观察生命的。[①]

生命的创化以生命意识的升华为主导，而意识的升华即思想之自我解放，庄子生命哲学即以此为主题。庄子观己观人观物，皆以生命为依据；而他进以天地观生命，以道观天地，将一切之无生纳入一切之有生，将一切之生命融为一大整体，并以此大生命之一体性及统合性解决一切之生命问题，而他对生命所作的本体意义及现象意义的解说，一以道为准则，故其生命哲学，可称之为“道的生命哲学”，其生命形上学即超越的形上学。本论文所以反复论道，所运用之概念所以循环交错，即是为了推衍庄子此一哲学系统。

---

① 德日进：《人之现象》，李贵良译，台湾正中书局，1970年二版，第106页。

参考书目

1. 丁原植，《老庄哲学中“有”“无”问题之研究》，台湾辅仁大学哲学研究所博士论文，1981年。

2. 于大成、陈新雄主编，《庄子论文集》，台湾木铎出版社，1976年。

3. 台湾“中国哲学会”主编，《哲学论文集》第四辑，台湾商务印书馆，1973年初版。

4. 台湾“中华老庄学会”编印，《第一次世界道学会议会前论文集》，台湾中道杂志社出版，1987年。

5. 方东美，《方东美先生演讲集》，台湾黎明文化公司，1980年再版。

6. 方东美，《生生之德》，台湾黎明文化公司，1982年四版。

7. 方东美，《原始儒家道家哲学》，台湾黎明文化公司，1983年初版。

8. 方东美著，孙智燊译，《中国哲学之精神及其发展》（上），台湾成均出版社，1984年初版。

9. 方迪启著，黄藿译，《价值是什么？——价值学导论》，台湾联经出版公司，1984年初版。

10. 王夫之，《庄子通·庄子解》，台湾里仁书局，1984年。

11. 王先谦、刘武，《庄子集解·庄子集解内篇补正》，台湾木铎出版社，1988年初版。

12. 王叔岷，《庄子校释》，台湾国风出版社，1972年。

13. 王国维著，滕咸惠校注，《人间词话新注》，台湾里仁书局，1986年。

14. 王煜，《老庄思想论集》，台湾联经出版公司，1979年初版。

15. 卡西勒著，杜若洲译，《人的哲学》，台湾审美出版社，1976年初版。

16. 尼采著，雷崧生译，《查拉杜斯屈拉如是说》，台湾中华书局，1978年台七版。

17. 布鲁格编著，项退结编译，《西洋哲学辞典》，台湾编译馆出版，先知出版社印行，1976年台初版。

18. 多玛斯著，吕穆迪译，《论万物》，台湾商务印书馆，1970年初版。

19. 成中英，《中国哲学与中国文化》，台湾三民书局，1981年再版。

20. 牟宗三，《才性与玄理》，台湾学生书局，1974年三版。

21. 牟宗三，《中国哲学十九讲》，台湾学生书局，1983年初版。

22. 牟宗三，《中国哲学的特质》，台湾学生书局，1980年六版。

23. 老子著，王弼注，《老子》，台湾中华书局，1980年台九版。

24. 吴光明，《庄子》，台湾东大图书公司，1988年初版。

25. 吴怡，《中国哲学的生命和方法》，台湾东大图书公司，1984年再版。

26. 吴怡，《逍遥的庄子》，台湾东大图书公司，1986年再版。

27. 吴康，《老庄哲学》，台湾商务印书馆，1969年修订台七版。

28. 吴康，《庄子衍义》，台湾商务印书馆，1966年初版。

29. 李贵良译，《圣多玛斯形上学》，台湾三民书局，1978年再版。

30. 李增，《老庄“道”的研究》，台湾辅仁大学哲学研究所博士论文，1980年。

31. 李震，《中外形上学比较研究》，台湾“中央文物供应社”，1982年。

32. 李震，《基本哲学——有与无的探讨》，台湾问学出版社，1978年初版。

33. 沈清松，《存有与价值》，台湾辅仁大学哲学研究所硕士论文，1975年。

34. 沈清松，《现代哲学论衡》，台湾黎明文化公司，1985年。

35. 周绍贤，《庄子要义》，台湾文景出版社，1973年。

36. 林希逸，《庄子口义》，台湾弘道文化公司，1971年初版。

37. 林云铭，《庄子因》，台湾兰台书局，1969年初版。

38. 林语堂编著，《林语堂当代汉英词典》，香港中文大学出版社，1980年二版。

39. 林聪舜，《向郭庄学之研究》，台湾文史哲出版社，1981年初版。

40. 武内义雄著，汪馥泉译，《中国哲学思想史》，商务印书馆，1936年。

41. 祁克果著，陈俊辉编译，《祁克果语录》，台湾业强出版社，1987年初版。

42. 金白铉，《庄子哲学中“天人之际”研究》，台湾文史哲出版社，1986年初版。

43. 柏格森著，张东荪译，《创化论》，台湾先知出版社，1976年。

44. 柏格森著，张东荪译，《物质与记忆》，台湾先知出版社，1976年。

45. 柏格森著，潘梓年译，《时间与意志自由》，台湾先知出版社，1976年。

46. 约德（C. E. M. Joad）著，施友忠译，《物质生命与价值》，商务印书馆，1940年。

47. 胡哲敷，《老庄哲学》，台湾中华书局，1970年台四版。

48. 胡适，《中国古代哲学史》，台湾商务印书馆，1976年台七版。

49. 范寿康，《中国哲学史纲要》，台湾开明书局，1967年。

50. 郎擎霄，《庄子学案》，台湾河洛图书出版社，1974年台影印初版。

51. 韦政通编，《中国哲学辞典》，台湾大林出版社，1977年。

52. 唐君毅，《中国哲学原论·原性篇》，新亚研究所，1968年。

53. 唐君毅，《中国哲学原论·原道篇》，台湾学生书局，1986年全集校订版。

54. 唐君毅，《中国哲学原论·导论篇》，台湾学生书局，1979年四版。

55. 唐君毅，《生命存在与心灵境界》，台湾学生书局，1978年再版。

56. 徐复观，《中国人性论史·先秦篇》，台湾商务印书馆，1982年六版。

57. 徐复观，《中国思想史论·集续编》，台湾时报出版公司，1982年初版。

58. 徐复观，《中国艺术精神》，台湾学生书局，1974年四版。

59. 马叙伦，《庄子义证》，台湾弘道文化公司，1970年。

60. 马塞尔著，陆达诚译，《是与有》，台湾商务印书馆，1983年。

61. 高思谦译，《亚里士多德之宜高迈伦理学》，台湾商务印书馆，1979年初版。

62.张成秋，《庄子篇目考》，台湾中华书局，1971年。

63.张柯圳，《形上学及价值哲学论文集》，台湾先知出版社，1975年。

64.张振东，《西洋哲学导论》，台湾先知出版社，1974年。

65.张默生，《庄子新译》，台湾绿洲出版社，1969年。

66.曹受坤，《庄子哲学》，台湾文景书局，1970年初版。

67.梁漱溟，《中国文化要义》，台湾正中书局，1969年台四版。

68.郭庆藩，《庄子集释》，台湾河洛图书出版社，1974年台影印一版。

69.陈冠学，《庄子》，台湾三民书局，1968年。

70.陈鼓应，《老子今注今译及评介》，台湾商务印书馆，1983年修订九版。

71.陈鼓应，《庄子今注今译》，台湾商务印书馆，1975年初版。

72.陈鼓应，《庄子哲学探究》，作者自印，1975年初版。

73.陈寿昌，《南华真经正义》，台湾新天地出版社，1977年。

74.陈荣波译，《语言迷宫的向导——维根斯坦》，台湾时报文化公司，1983年初版。

75.陈荣捷，*A Source Book in Chinese Philosophy*，Princeton University Press，U.S.A.，1973.

76. 章太炎，《齐物论释定本》，台湾广文书局，1970年初版。

77. 傅伟勋，《从西方哲学到禅佛教——“哲学与宗教”一集》，台湾东大图书公司，1986年初版。

78. 劳思光，《中国哲学史》，台湾三民书局，1981年初版。

79. 焦竑，《庄子翼》，台湾广文书局，1963年初版。

80. 项退结，《人之哲学》，台湾“中央文物供应社”，1982年。

81. 项退结，《迈向未来的哲学思考》，台湾先知出版社，1975年再版。

82. 项维新、刘福增主编，《中国哲学思想论集》，台湾牧童出版社，1977年再版。

83. 冯友兰，《中国哲学史》。

84. 冯友兰，《贞元六书》，香港龙门书店。

85. 黄宣范，《语言哲学——意义与指涉理论的研究》，台湾文鹤出版公司，1983年。

86. 黄锦鋐，《新译庄子读本》，台湾三民书局，1987年七版。

87. 杨士毅，《怀海德的哲学》，台湾东大图书公司，1987年。

88. 杨慧杰，《天人关系论》，台湾大林出版社，1981年。

89. 叶国庆，《庄子研究》，台湾商务印书馆，1967年。

90. 葛慕蔺，《形上学》，台湾先知出版社，1971年。

91.赵文秀，《庄子的知识论与人生观》，台湾盛京印书馆，1971年初版。

92.齐思和编，《庄子引得》，台湾弘道文化公司，1974年。

93.刘述先，《中西哲学论文集》，台湾学生书局，1987年初版。

94.刘述先，《新时代哲学的信念与方法》，台湾商务印书馆，1986年修订一版。

95.德日进著，李贵良译，《人之现象》，台湾正中书局，1970年二版。

96.蒋锡昌，《庄子哲学》，台湾万年青书店，1974年再版。

97.郑圣冲，《存在的奥秘》，台湾商务印书馆，1975年二版。

98.钱志纯，《理则学》，台湾文景出版社，1972年。

99.钱穆，《庄子纂笺》，作者自印，1963年。

100.钱穆，《庄老通辨》，台湾三民书局，1973年。

101.谢幼伟，《怀黑德的哲学》，台湾先知出版社，1974年初版。

102.怀特海著，傅佩荣译，《科学与现代世界》，台湾黎明文化公司，1987年三版。

103.罗光，《中国哲学大纲》，台湾商务印书馆，1979年四版。

104.罗光，《中国哲学的展望》，台湾学生书局，1977年初版。

105.罗光，《中国哲学思想史·先秦篇》，台湾学生书局，1982年增订重版。

106.罗光，《生命哲学》，台湾学生书局，1988年修订再版。

107.罗光，《理论哲学》，台湾先知出版社，1976年。

108.罗光，《实践哲学》，台湾先知出版社，1976年。

109.罗光，《儒家生命哲学的形上和精神意义》，台湾辅仁大学出版社，1980年初版。

110.罗光，《儒家形上学》，台湾辅仁大学出版社，1980年三版。

111.严灵峰，《老庄研究》，台湾中华书局，1966年初版。

112.邬昆如，《西洋哲学史》，台湾编译馆出版，正中书局印行，1979年五版。

113.邬昆如，《庄子与古希腊哲学中的道》，台湾中华书局，1972年初版。

114.憨山大师，《庄子内篇憨山注》，台湾琉璃经房，1972年再版。

115.A. N. Whitehead，*Function of Reason*，Princeton University Press，1929.

116. A. N. Whitehead，*Process and Reality*，New York，1929.

117.John W. Lango，*Whitehead's Ontology*，State University of New York，1972.

118. Martin Heidegger，*Existence and Being*，edited by Werner Brock，Chicago，1949.

119. Thomas Aquinas，*Commentary on the Metaphysics of Aristotle*，2 Vol. translated by J. P. Rowan，1974.

120. Thomé H. Fang（方东美），*Chinese Philosophy*：*Its Spirit and Its Development*，Linking Publishing Co. Ltd.，Taipei，1981.

121. Thomé H. Fang，*Creativity in Man and Nature*，Linking Publishing Co. Ltd.，Taipei，1980.